아드 폰테스

Ad Fontes

샘 곁의 무성한 가지

목차

	서문	4
1장	채색옷을 입은 아들	8
2장	꿈꾸는 자 요셉	20
3장	첫 열매의 단이 일어설 때입니다	30
4장	해와 달과 별들의 영광이 다릅니다	40
5장	깨어진 꿈	50
6장	불행 속의 형통	62
7장	형통 속의 시험	72
8장	잊힌 요셉	86
9장	하나님이 하실 일에 대한 꿈 해석	100
10장	높이시는 하나님	110
11장	하나님의 위로	122

12장	꿈이 이끄는 인생	134
13장	형들과의 재회	144
14장	애굽 통치자의 옷을 벗고 우는 요셉	156
15장	고센 땅을 예비하신 하나님의 뜻	162
16장	장자의 명분을 받은 요셉의 복	172
17장	샘 곁에 심은 성령의 열매 맺은 성도	180
18장	샘 곁의 많은 열매를 맺는 가지	190
19장	각 사람의 분량대로 축복하였더라!	200
20장	믿음의 정상에 서서	212
21장	내 유골을 메고 올라갈 것을 맹세하라!	224
22장	믿음의 유산을 남깁시다	234

서문

성경의 인물들 중 많은 성도들이 가장 본받고 싶어하는 인물이 요셉입니다. 17세 때 하나님이 꾸게 하신 놀라운 꿈을 삶에서 실제로 이룬 믿음의 사람입니다. 장차 오실 예수 그리스도를 통한 큰 구원의 꿈을 이루는 일에 귀하게 쓰임을 받은 사람입니다. 하나님의 큰 구원의 꿈을 이루기 위해 야곱의 열두 아들 중 가장 혹독한 연단을 받게 됩니다. 13년 동안의 혹독한 연단을 통해 요셉은 마침내 오실 그리스도 예수의 보석같은 성품으로 변화됩니다. 그리하여 칠 년 큰 흉년의 때 피난처를 예비하여 많은 생명을 구원하는 자로 쓰임을 받게 됩니다.

칠 년 큰 흉년의 때는 예수 그리스도께서 재림하실 때의 그림자요 예표입니다. 주님께서 재림하실 때도 요셉처럼 그리스도 예수의 마음을 품은 성도들이 고센 땅와 같은 피난처를 예비하여서 많은 생명을 구원할 것입니다. 요셉의 이야기는 마지막 때 많은 생명을 구원하는 일을 위해 귀하게 쓰임을 받기 원하는 성도들에게 지혜와 용기를 줄 것입니다.

아버지 야곱은 요셉이 원수의 모든 시험을 이기고 많은 생명을 구원할 수 있었던 비밀을 알려줍니다.

> 요셉은 무성한 가지 곧 샘 곁의 무성한 가지라 그 가지가 담을 넘었도다 창 49:22

샘 근원이신 주 예수 그리스도를 항상 가까이 하는 삶이 큰 풍년의 때나 큰 흉년의 때에도 변함없이 많은 열매를 맺는 비밀입니다. 이 설교집의 제목인 『아드 폰테스』(Ad Fontes)는 샘들의 근원으로 돌아가라는 뜻의 라틴어입니다. 이 책을 읽는 모든 분들이 요셉처럼 많은 생명을 구원하기 원하시는 하나님의 꿈을 위해 귀하게 쓰임받기를 기도합니다.

2025년 8월 1일
박진석 목사

창세기 37장 1-5절

1 야곱이 가나안 땅 곧 그의 아버지가 거류하던 땅에 거주하였으니
2 야곱의 족보는 이러하니라 요셉이 십칠 세의 소년으로서 그의 형들과 함께 양을 칠 때에 그의 아버지의 아내들 빌하와 실바의 아들들과 더불어 함께 있었더니 그가 그들의 잘못을 아버지에게 말하더라
3 요셉은 노년에 얻은 아들이므로 이스라엘이 여러 아들들보다 그를 더 사랑하므로 그를 위하여 채색옷을 지었더니

4 그의 형들이 아버지가 형들보다 그를 더 사랑함을 보고 그를 미워하여 그에게 편안하게 말할 수 없었더라
5 요셉이 꿈을 꾸고 자기 형들에게 말하매 그들이 그를 더욱 미워하였더라

채색옷을 입은 아들
01

옷이 날개라고 하지요. 목욕탕에서 오랜 세월 일했던 아저씨가 말했습니다.

"목사님! 목욕탕에서 35년간 일하면서 깨달은 것이 있습니다. 사람은 발가벗겨 놓으면 다 똑같습니다."

발가벗겨 놓으면 다 똑같다고 합니다. 모든 사람이 의로우신 하나님 앞에서 벌거벗은 죄인입니다. 죄의 수치를 가려줄 옷이 필요합니다. 요셉은 91세의 야곱이 라헬에게서 낳은 아들입니다. 야곱은 손자 같은 요셉을 다른 아들들과 달리 표가 나게 편애했습니다. "내 사랑하는 아들 내 기뻐하는 자"라는 표로 채색옷을 입혔습니다.

> 요셉은 노년에 얻은 아들이므로 이스라엘이 여러 아들들보다 그를 더 사랑하므로 그를 위하여 채색옷을 지었더니 창 37:3

채색옷을 입는다는 것은 구별된 다른 신분의 사람이라는 뜻입니다. 우리식으로 하면 아이들에게 입히는 색동저고리와 같습니다. 색동옷, 채색옷에는 자식들이 잘 자라서 지체 높은 훌륭한 사람이 돼달라는 부모의 마음이 담겨 있습니다.

요셉이 입은 채색옷은 하나님의 뜻을 이루기 위해 택함받은 아들이라는 의미도 담고 있습니다.

예수님은 요단 강에서 세례 받으신 후 음성을 듣습니다.

> 하늘로부터 소리가 있어 말씀하시되 이는 내 사랑하는 아들이요 내 기뻐하는 자라 하시니라 마 3:17

하나님은 사랑하는 아들로 인정받는 주님에게 성령의 새 옷을 입혀 주셨습니다. 그러므로 요셉의 옷 또한 택함 받은 일꾼들에게 입히시는 성령의 기름부으심이라고 할 수 있습니다.

왜 요셉의 옷은 채색이 되어 있을까요? 비싸고 화려한 옷인 것을 보여주기 위함일까요? 성경은 홍수 심판 이후 구원의 은혜를 베푸는 표로 무지개를 보여주십니다. 하늘 보좌의 영광, 하나님의 일곱 영의 능력으로 일곱 빛깔 무지개를 통해 약속하셨습니다. 채색옷은 하나님의 뜻을 이룰 여호와의 일곱 영의 능력으로 옷 입혀진 자라는 표입니다. 이사야는 사랑하는 아들 주님도 여호와의 일곱 영의 능력을 옷 입게 될 것을 예언합니다.

> 그의 위에 여호와의 영 곧 지혜와 총명의 영이요 모략과 재능의 영이요 지식과 여호와를 경외하는 영이 강림하시리니 사 11:2

만왕의 왕의 자녀가 된 우리에게도 눈에 보이지 않지만 채색옷이 입혀져 있습니다. 육신을 따라 사는 사람들과 구별되어 거룩한 빛의 자녀로 살라는 뜻으로 색동옷을 입혀 주신 것입니다. 말씀과 성령 안에서 잘 자라야 합니다. 그래야 아버지의 소원대로 하늘의 별과 같이 영원토록 빛나는 왕같은 제사장으로 살 수 있기 때문입니다. 그래서 우리를 만왕의 왕이 되신 예수님처럼 성숙해지라고 징계와 연단을 하시는 겁니다. 사생자가 아니기 때문입니다. 예수님은 죄 없으신 아들인데도 원수 된 우리들을 아버지와 화목케 하시려고 우리 대신 채찍에 맞고 징계도 받았음을 기억하시기 바랍니다.

17세의 요셉은 하나님의 뜻을 이룰 자라는 표로 채색옷을 입었지만 미성숙했습니다. 형들의 잘못을 성급하게 아버지께 고발하기도 합니다. 한 영화에서 최민식 배우가 했던 대사가 생각납니다.

"나는 하나님이 그렇게 하실 것이라는 꿈도 두 번이나 꾸었다고 어! 나는 형들하고 다르다고 어! 나는 아부지가 채색옷도 입혀주고 어! 사우나도 같이 가고 어!"

요셉은 채색옷은 입고 있었지만 아직은 알곡 껍질이 그대로 붙어 있는 생 이삭이었습니다. 그래서 좋지 못한 성품의 열매가 삐져나오기도 했던 것입니다. 지혜로우신 아버지는 요셉에게 장성한 그리스도의 형상(성품)이 나타날 때까지 여러 가지 시험을 허락하셨습니다. 능히 감당할 수 있다고 믿었기에 다른 아들들과 달리 더 길고 혹독한 연단을 허락합니다. 여호와의 일곱 영의 영광을 나타낼 깨끗한 그릇으로 연단 되는 힘든 과정을 통과해야만 했습니다. 이 단련의 시간을 이렇게 설명합니다.

> 곧 여호와의 말씀이 응할 때까지라 그의 말씀이 그를 단련하였도다 시 105:19

하나님의 상속자로 색동옷이 입혀진 우리도 정도의 차이만 있지 같은 성격의 연단을 통과해야 합니다. 훈련의 목표는 주님의 권능과 복을 담을 수 있는 성품과 지혜를 갖추는 것입니다. 그리스도의 장성한 분량까지 갈 길이 너무 멀다고요? 현재의 모습에 낙심하지 마세요. 주님이 세상 끝 날까지 함께하며 도와주실 것을 약속하시지 않았습니까? 하나님은 우리가 미성숙하고 약하다는 것을 잘 아시기에 끝까지 동행하며 양육하십니다. 아버지께 소중한 보물들이기 때문입니다. 한걸음 한걸음 조금씩 주님을 더 닮아갑시다.

> 어린아이 같은 우리 미련하고 약하나 주의 손에 이끌리어 생명길로 가겠네 한걸음 한걸음 주 예수와 함께 날마다 날마다 우리 걸어가리 주와 같이 길 가는 것
> (찬430장)

믿음의 여정에서 종착역에 도착해서 영광의 새 몸으로 갈아입을 때까지 찬송하며 걸어갑시다. 채색옷을 입은 아들 요셉은 환난과 어려움을 잘 이겨냈습니다. 그가 겪은 시험은 크게 세 가지였습니다.

첫째, 형들에 대한 분노와 배신감입니다. 이 정신적 감옥에 갇혀 얼마나 고통스러웠을까요? 그 가해자가 가족입니다. 분노와 배신감에 사로잡혀 얼마든지 망가질 수 있었습니다.

둘째, 남의 집 종살이를 하면서 외로움과 타락의 유혹을 이겨내야 했습니다. 새내기 직장인, 군 입대한 청년들이 이런 갈등을 많이 겪곤 합니다. 귀한 자녀로 대접받다가 졸지에 종이 된 듯한 취급을 받습니다. 과연 쓸모없는 시간일까요? 인격이 발효, 숙성되는 시간이 될 수는 없을까요? 생각하기, 해석하기 나름입니다.

셋째, 감옥에 갇힙니다. 사람은 물론 하나님도 나를 버렸다는 실패와 절망감에 시달렸을 것입니다. 사람은 누구나 어느 정도 감옥의 삶을 삽니다. 역기능 가정이라는 감옥, 가기 싫은 학교, 직장이라는 감옥, 병든 육체와 욕망의 감옥, 욕망의 감옥, 상처 받은 마음의 감옥 등 우리를 둘러싼 다양한 감옥이 존재합니다.

요셉은 어떻게 이 흉악하고 잔인한 인생의 멍에와 정신적 감옥에서 벗어날 수 있었을까요? 그 비밀의 실마리가 요셉 이야기에 숨겨져 있습니다.

> 여호와께서 요셉과 함께 하시므로 그가 형통한 자가
> 되어 그의 주인 애굽 사람의 집에 있으니   창 39:2

이것이 그 비밀입니다. 사망의 구덩이에 떨어졌을 때도, 종살이할 때도, 감옥에 갇혔을 때도, 애굽 총리로 세워졌을 때도 전능하신 하나님께서 항상 함께하며 형통케 하셨다고 합니다. 왜 항상 함께하며 범사에 형통케 하셨을까요? 오직 창세 전에 예수 그리스도 안에서 정하신 구원의 뜻을 요셉을 통해 이루시기 위해서입니다. 물론 요셉도 육체의 정욕을 따라 역사하는 시험을 이기고 마음을 잘 지켰기에 전능자의 돕는 은혜를 받을 수 있었습니다. 전능하신 하나님이 하실 일이 있고 우리들이 해야 할 일이 있습니다. 우리 일은 끝까지 인내로써 믿음의 마음을 지키며 순종하는 것입니다. 야곱이 죽기 전, 원수의 모든 불화살을 이긴 요셉의 능력을 우리들에게 알려줍니다.

> 요셉은 무성한 가지 곧 샘(Fonte) 곁의 무성한 가지라
> 창 49:22

힘들 때나 평안할 때나 변함없이 목마른 사슴처럼 생수의 근원이신 주님을 간절히 찾는 것이 요셉이 가진 능력의 원천이었

습니다. 우리 역시 이를 본받아 생수의 근원이신 주님께로 돌아가야 합니다. 우리는 이를 아드 폰테스(Ad fontes:근본으로 돌아가라)라고 칭합니다.

하나님의 상속자 된 우리에게도 연단의 시험이 있습니다. 그래서 바울은 하나님의 상속자들, 빛의 자녀들에게 이렇게 권합니다.

> 낮에와 같이 단정히 행하고 방탕하거나 술 취하지 말며 음란하거나 호색하지 말며 다투거나 시기하지 말고 오직 주 예수 그리스도로 옷 입고 정욕을 위하여 육신의 일을 도모하지 말라 롬 13:13-14

요셉이 원수의 모든 불화살을 이기고 그리스도의 장성한 분량까지 자랐을 때 하나님은 새 옷을 입혀 주십니다. 보이지 않는 이 신령한 옷을 땅에서 이런 식으로 보여 주셨습니다.

> … 내가 너를 애굽 온 땅의 총리가 되게 하노라 하고 자기의 인장반지를 빼어 요셉의 손에 끼우고 그에게 세마포 옷을 입히고 금 사슬을 목에 걸고 자기에게 있는 버금 수레에 그를 태우매 … 창 41:41-43

요셉과 비슷한 나이에 왕으로 기름부음 받은 다윗도 오랜 연단을 통해 그리스도의 장성한 분량으로 성숙하여 마침내 온 이스라엘의 왕이 됩니다. 화목제물로 생명을 드리라는 뜻에 죽기까지 복종하신 주님도 아버지께서 지극히 높여 모든 무릎을 그 이름 앞에 꿇게 하셨습니다. 하나님의 자녀들은 누구나 다 자기 몫의 십자가를 통해 하늘에 계신 아버지의 뜻을 땅에서도 이루게 됩니다. 하늘에 계신 우리 아버지의 일하는 방식입니다. 화목의 직분자로 택함 받은 우리도 주님의 성품으로 연단 되어 예수 그리스도로 옷 입고 아버지의 뜻을 모두 이룰 수 있기를 바랍니다.

창세기 37장 5-11절

5   요셉이 꿈을 꾸고 자기 형들에게 말하매 그들이 그를 더욱 미워하였더라
6   요셉이 그들에게 이르되 청하건대 내가 꾼 꿈을 들으시오
7   우리가 밭에서 곡식 단을 묶더니 내 단은 일어서고 당신들의 단은 내 단을 둘러서서 절하더이다
8   그의 형들이 그에게 이르되 네가 참으로 우리의 왕이 되겠느냐 참으로 우리를 다스리게 되겠느냐 하고 그의 꿈과 그의 말로 말미암아 그를 더욱 미워하더니

9   요셉이 다시 꿈을 꾸고 그의 형들에게 말하여 이르되 내가 또 꿈을 꾼즉 해와 달과 열한 별이 내게 절하더이다 하니라

10 그가 그의 꿈을 아버지와 형들에게 말하매 아버지가 그를 꾸짖고 그에게 이르되 네가 꾼 꿈이 무엇이냐 나와 네 어머니와 네 형들이 참으로 가서 땅에 엎드려 네게 절하겠느냐

11 그의 형들은 시기하되 그의 아버지는 그 말을 간직해 두었더라

꿈꾸는 자 요셉
02

요셉은 성경 속에 등장하는 인물들 중에서 가장 매력적이고 관심을 가질만한 인물입니다. 요셉의 삶을 특징짓는 주제가 있다면 꿈일 것입니다. 오늘 본문에 나오는 꿈 외에도 요셉은 술 맡은 관원장과 떡 굽는 관원장의 꿈을 해몽해 주는가 하면 결정적으로는 그 일로 인해 바로 왕의 꿈을 해몽해 줌으로 애굽의 총리가 되는 자리에 오르게 됩니다. 요셉의 일생은 꿈을 떠나서는 도무지 설명될 수 없는 인생입니다. 그래서 우리는 꿈의 사람 요셉이라고 하는 것입니다. 여기에 요셉이 가진 능력의 비밀이 숨어 있었던 것이죠.

잠언 29장 18절에는 이런 말씀이 있습니다. "묵시가 없으면 백성이 방자히 행하거니와" 무슨 말인지 잘 모르겠지요. 영어 성경 번역본을 살펴보면 뜻이 한결 명확해집니다. "Where there is no vision the people perish." 무슨 뜻입니까? 비전이 없으면, 꿈이 없으면 백성이 망하고 만다는 뜻입니다. 어떤 시인은 꿈이 없는 인생을 날개가 부러진 새와 같다고 했습니다.

꿈이 있는 사람과 꿈이 없는 사람의 가장 큰 차이점이 무엇인지 아십니까? 꿈이 있는 인생은 삶의 의욕과 에너지가 충만합니다. 반면에 꿈이 없는 인생은 무기력합니다. 초점 없어 방황하는 듯한 삶을 삽니다. 여러분 속에 삶에 대한 의욕이 있습니까? 인생의 생기가 있습니까? 그렇다면 여러분을 사로잡고 있는 꿈이 있을 가능성이 높습니다. 나이가 들어도 생기가 있고 의욕이 넘치는 삶을 살 수 있는 비결이 무엇일까요? 살아야 할 이유가 있는 사람은 계속하여 활력있는 삶을 살게 됩니다. 갈렙은 85세의 나이에 처음 하나님께 받았던 가나안 정복의 꿈을 주장했습니다. "이 산지를 내게 주소서"라며 놀라운 의욕과 기백으로 도전했지요. 무엇이 갈렙을 그토록 생기있고 의욕 넘치는 인생으로 지켜

주었습니까? 바로 꿈입니다. 젊어서 잠깐 꾸는 꿈은 추억이 되겠지만, 평생에 걸쳐 꾸는 꿈은 삶의 설계도요 청사진이 됩니다. 하나님이 창조하신 인간의 삶의 핵심 요소가 바로 꿈입니다. 하나님은 꿈을 통하여, 소원을 통하여 사람을 일하게 하고 살아가게 합니다. 그러므로 꿈은 있어도 되고 없어도 되는 것이 아닙니다. 꿈은 성공적인 삶을 위한 필수품입니다.

꿈과 관련하여 우리가 알아야 할 것은 우리가 믿는 하나님 자신이 바로 꿈꾸는 하나님이시라는 사실입니다. 빌립보서 2장 13절에 보면 이런 말씀이 나옵니다.

> 너희 안에서 행하시는 이는 하나님이시니 자기의 기쁘신 뜻을 위하여 너희에게 소원을 두고 행하게 하시나니
> 빌 2:13

이 말씀을 통하여 하나님께서 우리를 향한 하나님의 소원, 하나님의 꿈을 갖고 계신다는 사실을 알 수 있습니다. 이것은 마치 부모님이 자녀를 향하여 아름답고 귀한 꿈을 품는 것과 마찬가지입니다.

하나님은 꿈꾸시는 하나님이십니다. 하나님이 꾸시는 꿈은 언제나 선하고 온전한 꿈입니다. 하나님은 자녀 된 우리를 향하여

왕같은 제사장처럼 되기를 꿈꾸고 계십니다. 우리 모든 성도들이 예수님처럼 그리스도의 장성한 분량, 하나님의 권세 있는 아들다운 모습으로 세워지기를 꿈꾸십니다. 하나님이 이 세상을 창조하실 때 하나님이 다스리시는 온전한 하나님 나라에 대한 꿈이 있었습니다. 비록 인간의 불순종과 죄로 인해 그 꿈이 깨어질 위기에 처했지만 하나님은 여전히 이 꿈을 포기하지 않고 계십니다. 하나님은 지금도 그리고 영원까지 하나님 나라의 아름다운 꿈을 꾸고 계시는 분인 것을 잊지 마십시오, 우리가 믿는 하나님은 꿈꾸시는 하나님이십니다.

그런데 꿈꾸시는 하나님은 그 꿈을 혼자만 꾸시는 것이 아닙니다. 하나님의 꿈을 자녀 된 우리들과 함께 꾸기를 원하십니다. 물론 성도들이 꾸는 꿈은 그 크기나 모습에 있어서 저마다 다릅니다. 그러나 분명히 원대한 하나님의 꿈 안에서 각 사람의 모습에 합당하게 꿈을 꾸게 하십니다. 꿈꾸시는 하나님은 동시에 우리로 하여금 하나님의 꿈의 한 부분을 같이 꾸게 하십니다. 꿈꾸시는 하나님은 우리로 꿈꾸게 하시는 하나님이기도 한 것입니다.

요셉의 꿈이 일반적인 꿈과 다른 것은 그 꿈의 출처와 기원이 하나님께로부터 주어졌다는 것입니다. 성도가 꾸어야 할 꿈은 인간적인 욕심의 꿈이나 사탄의 꿈이 아닙니다. 하나님이 주시는 꿈을 꾸어야 합니다. 사도행전 2장 17절에는 요엘 선지자의 예언이 인용되고 있습니다.

> 하나님이 말씀하시기를 말세에 내가 내 영을 모든 육체에 부어 주리니 너희의 자녀들은 예언할 것이요 너희의 젊은이들은 환상을 보고 너희의 늙은이들은 꿈을 꾸리라 행 2:17

말세에 성령을 통하여 모든 믿는 자들에게 예언과 꿈과 환상을 주시겠다는 것입니다. 사실 예언, 환상, 꿈은 조금씩 차이가 있지만 이 모두를 미래와 관련된 하나님의 꿈이라고 해석해도 지나친 것이 아닙니다. 성령이 우리 안에 역사하게 될 때 먼저 일어나는 현상 중의 하나가 새로운 꿈, 하나님의 꿈을 꾸게 하는 것입니다. 빌립보서 2장 13절에서도 하나님은 우리로 하나님께서 기뻐하시는 소원을 두고 행하게 하신다고 합니다. 하나님의 꿈을 품고 살아가게 하신다는 의미입니다. 하나님은 우리에게 하나님의 마음속에 있는 그 꿈을 나누어주기를 원하십니다. 우리가 진심으로 하나님의 꿈을 사모하며 기도하면 하나님은 그 꿈을 우리에게 기쁨으로 나누어 주십니다.

하나님의 귀한 뜻을 성취했던 모든 하나님의 사람들의 가슴속에는 반드시 하나님이 주신 꿈이 선명하게 새겨져 있었습니다. 하나님의 꿈을 간직하는 것도 중요하지만 그 꿈을 얼마나 선명하고 생생하게 간직하느냐가 중요합니다. 이방인 선교를 향한 바울의 꿈이 얼마나 분명하고 생생했던가요? 예수전도단이라고 하는 세계적인 선교단체의 창설자인 로렌 커닝햄 목사는 21세때 하나님께 헌신을 결단합니다. 그때 하나님께서 그에게 아주 분명하고도 놀라운 환상을 보여주십니다. 그분의 『하나님, 정말 당신이십니까?』라는 책에서 이렇게 말합니다.

"갑자기 나는 세계지도를 바라보고 있었다. 그런데 그 지도는 살아있는 것처럼 움직였다. 나는 일어나 앉았다. 나는 머리를 흔들고 눈을 비비면서 다시 보았다. 그것은 마음으로 보는 영화와 같은 것이었다. 모든 대륙을 한 눈에 볼 수 있었다. 파도가 해변에서 대륙으로 들어갔다가 밀려나가고 그리고 더 깊이 밀려 들어와서 그 대륙을 완전히 덮었다. 나는 숨을 죽였다. 내가 그 장면을 지켜보는 동안 또 다른 장면으로 바뀌었다. 그 파도들은 내 나이 정도의 젊은 사람들 또는 나보다 나이가 더 어린 사람들로 변하여 그 대륙을 덮고 있었다. 그들은 거리에서나 음식점에서나 혹은 집집마다 찾아다니며 복음을 전하고 있었다. 마치 하나님아버지가 돈을 구걸하는 어린 아랍소년들을 돌보는 것같이 곳곳에서 사람들을 돌보는 것이었다. 그리고 그 장면은 사라졌다."

예수전도단은 전세계에 16,000명의 간사들을 둔 국제적인 선교단체로 하나님께 크게 쓰임받고 있습니다. 무엇이 이 위대한 일을 가능케 했습니까? 바로 하나님이 주신 꿈입니다.

하나님께 영광 돌리는 삶을 원하십니까? 그렇다면 우리로 꿈꾸게 하시는 하나님께 꿈을 달라고 기도하십시오. 17세의 청소년 요셉의 일생을 이끌어갔고 지배했던 것도 다름 아닌 하나님의 꿈이었습니다. 그 꿈이 요셉을 위대한 하나님의 사람으로 만들어 갔습니다.

하나님의 꿈에 대한 반응은 사람마다 다릅니다. 요셉은 하나님이 주신 꿈을 받자마자 크게 기뻐하며 흥분했던 것 같습니다. 17살 소년의 반응답습니다. 요셉은 이 꿈을 금방 자기 아버지와 형들에게 이야기합니다. 이때 10절에 나오는 "말하매"라는 히브리어 원어는 "비밀을 누설하다"는 뜻이 있습니다. 꿈속에 감춰둔 하나님의 계시를 너무 쉽게 누설해 버린 것입니다. 그만큼 미성숙했던 것이죠. 이런 모습은 형들의 시기와 질투를 더욱 불러일으키고 말았습니다. 우리가 분명히 알 수 있는 것은 요셉은 하나님의 꿈을 받았지만 아직은 그 꿈을 감당하기에는 턱없이 부족하다는 것입니다. 아마도 요셉은 이 꿈속에 감춰둔 하나님의 깊은 뜻을 다 헤아리지 못하고 자신의 욕심을 따라 생각하고 자랑하기 바빴을 것입니다. 꿈을 꾸는 것도 중요하지만 그 못지않게 꿈을 어떻게 다루고 반응하는지도 중요합니다. 여기에 신앙의 실력이 필요한 것입니다.

요셉의 꿈이야기를 들었던 형들의 반응은 어떠합니까? 가뜩이나 편애를 받는 요셉이 미웠는데 하나님이 주신 신령한 꿈까지 꾸는 요셉이 더욱 미워졌습니다. 죽이고 싶을 정도로 시기했습니다. 형들 속에 있는 이러한 마음은 사실은 그들의 시기와 질투를 통하여 사탄이 주는 마음이었습니다. 만약 누군가가 하나님의 꿈 이야기를 듣고 이와 같이 시기하며 망하기를 원하면서 대적하는 반응을 보인다면 그것은 분명 사탄이 주는 마음일 것입니다. 때로 우리가 누군가를 통하여 하나님의 꿈 이야기를 듣게 될 때 이런 시기와 질투가 일어날 수 있습니다. 그때 우리는 이런 마음을 성령으로 다스려 하나님의 뜻에 합한 마음으로 예비되어야 합니다.

마지막으로 요셉의 꿈 이야기를 들은 아버지 야곱의 반응은 어떠합니까? 11절에 보면 그 말을 간직해 두었다고 합니다. 이것은 하나님의 꿈일 가능성을 염두에 두고 그것을 마음속에 지켜두었다는 말입니다. 야곱은 무시하지도 시기하지도 않았고 열린

자세를 보였습니다. 왜 야곱은 이러한 성숙한 태도를 가질 수 있었을까요? 그것은 야곱 스스로가 집에서 도망쳐 떠나 벧엘에서 돌베게를 하고 잘 때에 자신을 향한 하나님의 계획과 꿈을 꾸었던 경험이 있었기 때문입니다. 창세기 28장 12절 이하에 나타난 것처럼 그는 땅과 하늘을 잇는 사닥다리를 통해 하나님의 계시를 전달하는 천사들을 목격합니다. 그리고 하나님의 음성을 듣습니다. 지금 누운 땅을 야곱에게 줄 것이며, 야곱과 야곱의 자손으로 인하여 복을 받을 것이며, 반드시 이 땅으로 돌아 올 것이라는 약속을 받습니다. 그리고 하나님이 주신 꿈대로 이루어졌습니다. 야곱은 분명히 그가 특별히 사랑했던 요셉이 꿈 이야기를 할 때 이것이 그냥 꿈이 아니라 하나님이 주신 꿈이라는 것을 알아차렸을 것입니다. 그래서 은근히 마음으로 격려하며 기도했을 것입니다. 이러한 야곱의 태도야말로 하나님의 꿈에 대한 신뢰요 성숙하고 진지한 태도입니다. 그는 요셉처럼 설치거나 흥분하지도 않았습니다. 마음속에 간직한 채로 하나님의 꿈대로 이뤄지기를 기도했을 것입니다.

오늘 본문에 나타나는 하나님의 꿈에 대한 세 가지 반응 중에서 가장 성숙한 태도를 보인 사람은 야곱이었습니다. 우리 또한 하나님의 꿈을 꾸거나 듣게 될 때에 야곱과 같은 성숙한 태도를 보여야 합니다.

여러분의 삶에는 하나님이 주시는 꿈이 있는지요? 꿈이 없다면, 혹은 꿈이 불분명하다면, 혹은 꿈이 퇴색되어 버렸다면 다시금 하나님의 꿈을 꾸게 해달라고 기도해야 합니다. 교회는 영적으로 잠자는 성도들을 깨워 그들의 가슴에 하나님의 꿈을 일깨워 주어야 합니다. 하나님의 꿈을 꾸도록 도전해야 합니다. 교회는 그 꿈을 향하여 달려가도록 격려하고 힘을 주는 꿈의 산실이 되어야 합니다.

첫 열매의 단이 일어설 때입니다
03

하나님은 사람을 "꿈꾸는 자"로 창조합니다. 최근에 어떤 영상에서 92세 할아버지가 영어 공부를 하는 모습을 보았습니다. 그 연세에도 의욕과 생기가 넘쳤습니다. 치매에 걸릴 틈이 없어요. 이 할아버지는 영어를 잘하고 싶은 꿈에 사로잡혀 생명력 넘치는 즐거운 황혼기를 보내고 있었습니다. 저는 할아버지의 장수 비결이 바로 남다른 꿈이라고 생각합니다. 꿈꾸는 사람은 늙지 않습니다. 다만 나이들어갈 뿐입니다. 하나님은 꿈꾸는 자에게 새 힘과 능력을 베푸십니다. 죽을 때까지 성경을 읽고 가르치고 복음을 전하려는 꿈을 꾸는 자가 생활수도사입니다.

요셉은 세상 사람들과는 차원이 다른 꿈에 사로잡혀 살았습니다. 천국 곳간에 다른 알곡들과 함께 추수되어 들어가는 꿈이었습니다. 꿈 때문에 핍박과 시험도 받지만 하나님의 꿈 때문에 많은 생명을 구원하는 애굽의 총리도 됩니다.

요셉의 삶은 전능하신 하나님의 꿈대로 펼쳐집니다. 창세기에는 요셉과 관련된 여섯 가지 꿈이 소개됩니다. 여섯 가지 꿈이지만 사실은 같은 주제입니다. 예수님을 통해 세상의 밭에서 알곡 영혼들을 추수하여 천국 곳간에 들이는 꿈입니다. 창세기 37장에 두 가지 꿈이 나오는데 해와 달과 별들 아래 세상의 밭에서 열매를 추수하는 꿈입니다. 추수가 다 끝난 후 절을 받습니다. 11년 후인 창세기 40장에서 28세의 요셉은 애굽의 두 관원장의 꿈을 해석합니다. 추수한 포도 열매로 만든 포도즙, 추수한 곡식으로 구운 떡에 대한 꿈입니다. 30세가 된 창세기 41장에서 바로가 꾼 두 가지 꿈을 해석합니다. 살진 일곱 암소와 파리한 일곱 암소, 충실한 일곱 이삭과 마른 일곱 이삭에 관한 꿈입니다. 모두 밭에서 농사하는 일과 관련이 있지요. 17세 때 꾼 예언적 꿈대로 생명을 구원 받은 형들과 많은 사람들이 요셉에게 절을 합니다. 추수가 다 끝난 후 구원 받은 알곡 영혼들이 구세주께 엎드려 절하게 될 것을 의미합니다. 이 꿈대로 전능하신 하나님이 세상의 역사를 주관하고 계십니다.

때를 따라 농사를 짓고 계시는 하나님의 시간표를 레위기 23장이 알려줍니다. 이 시간표를 여호와의 일곱 절기라고 부릅니다. 먼저 봄 농사 절기입니다. 예수님의 초림과 관계되는 절기입니다. 유월절과 무교절에 예수님이 한 알의 밀알로 땅에 떨어져 죽고 삼일 후인 초실절에 부활의 첫 열매로 추수됩니다. 50일 후 오순절에 이른 비 같은 성령의 권능이 다락방에 모인 120명의 제자들에게 부어집니다. 오순절(맥추절)에 이른 비 같은 성령의 권능을 받은 제자들이 이방인 알곡 추수를 위해 처음 익은 열매로 하나님께 드려집니다. 처음 익은 열매는 가장 좋은 열매입니다. 농부가 구별하여 더 많은 열매들을 추수하기 위한 씨앗으로 사용합니다. 오순절에 성령을 체험한 제자들이 여름 4개월간 이방인 알곡들을 추수하기 위해 복음을 전파합니다. 이방인 알곡의 충만한 수가 차면 이스라엘의 남은 알곡을 추수하는 가을 절기로 넘어가게 됩니다.

요엘 2장은 하나님이 때를 따라 이른 비와 늦은 비를 적당하게 내려주셔서 열매들을 추수하게 하실 것을 예언합니다. 사도행전

2장 16-17절은 오순절에 마가의 다락방에 모인 자들에게 임한 성령의 권능이 선지자 요엘의 예언이 성취된 일이라고 설명합니다. 초대교회에 처음 익은 열매들에게 부어진 오순절 성령 강림이 이른 비입니다. 성령의 권능을 받은 처음 익은 열매들이 땅 끝까지 복음의 씨를 뿌리는 일꾼들이 됩니다. 그런데 요엘의 예언을 보면 때가 되면 알곡 추수를 잘 마무리할 수 있도록 늦은 비를 부어주실 것도 약속하고 있습니다. 늦은 비는 예수님 재림과 관련된 가을 농사 절기의 마지막 대추수를 위해 부어질 성령의 권능입니다. 이 늦은 비의 성령은 초대 교회 때 부어진 이른 비보다 훨씬 더 강력하고 광범위하게 전 세계의 처음 익은 열매들에게 부어질 것입니다. 가을 절기는 이방인의 남은 알곡들과 이스라엘의 남은 알곡들에 대한 마지막 대추수의 시즌입니다.

나팔절로 가을 절기가 시작됩니다. 대속죄절에 약속대로 주님이 지상에 재림하실 것입니다. 이때 이스라엘의 남은 알곡들과 어린 양의 공중 혼인잔치에 참여하지 못한 이방인 알곡들이 추수될 것입니다. 추수가 다 끝나면 초막절에 주님과 함께 추수 감사 잔치가 벌어질 것입니다.

알곡 농사의 주인이신 주님이 이렇게 말씀했습니다.

> 그러므로 내가 너희에게 이르노니 하나님의 나라를 너
> 희는 빼앗기고 그 나라의 열매 맺는 백성이 받으리라
>
> 마 21:43

우리는 이 세상의 밭에서 하나님이 기르시는 곡식들입니다. 뿌린 대로 세 가지로 거두게 됩니다. 좋은 열매, 쭉정이, 가라지가 그것입니다. 좋은 열매는 말씀과 성령의 능력을 따라 부활의 첫 열매로 추수된 주님을 계속 닮아가는 성도입니다. 쭉정이는 하나님의 말씀을 마음 밭에 심었지만 유혹이나 핍박을 이기지 못해 좋은 열매를 맺지 못하는 자들입니다. 가라지는 처음부터 주님이 주시는 영생의 말씀 씨앗을 마음 밭에 심기를 거부하고 대적하는 자들입니다. 모든 성도들이 좋은 열매로 추수되기를 소망합니다.

요셉의 첫 번째 꿈은 일꾼들이 밭에서 추수하여 한 다발로 묶은 곡식단의 모습입니다.

> 우리가 밭에서 곡식단을 묶더니 내 단은 일어서고 당
> 신들의 단은 내 단을 둘러서서 절하더이다 창 37:7

요셉이 추수하여 묶은 곡식단은 일어서고 이스라엘 12지파의

조상이 될 형들이 묶은 곡식단들은 절합니다. 일어선 요셉의 곡식단과 엎드려 절한 형들의 곡식단의 차이는 무엇일까요? 이 꿈에서 절한다는 것은 왕 앞에 무릎을 꿇고 경배를 드린다는 의미입니다. 즉 마지막 대추수가 끝난 후 주님이 추수된 알곡 영혼들에게 경배를 받게 될 것을 알려주는 꿈입니다. 요셉 홀로 절을 받은 것이 아니라 요셉이 묶은 곡식단이 함께 절을 받습니다. 요셉이 묶은 곡식 한 단은 누구일까요? 추수의 꿈을 이루기 위해 기름부음의 옷을 입은 요셉은 먼저 보냄을 받아 하나님의 때까지 연단을 받았습니다. 요셉은 이 추수의 꿈대로 자기를 통해 역사하시는 하나님의 뜻을 성령으로 깨닫게 됩니다. 요셉은 자신의 기구한 인생에 대한 하나님의 선하신 뜻을 성령으로 깨닫고 이렇게 간증합니다.

> 하나님이 큰 구원으로 당신들의 생명을 보존하고 당신들의 후손을 세상에 두시려고 나를 당신들보다 먼저 보내셨나니 창 45:7

자신이 택함을 받아 많은 생명을 구원하기 위해서 먼저 보냄을 받았음을 깨달았던 것입니다. 자신을 향한 하나님의 선하신 뜻을 깨달았기에 장차 많은 알곡들을 추수하기 위한 통로로 귀하게 쓰임 받을 수 있었습니다. 요셉은 마지막 대추수를 위한 큰 흉년의 때에 많은 생명을 구원하는 복의 근원이 됩니다.

일어선 요셉의 한 단은 가을 절기의 대추수를 위해 성령의 권능을 받아 많은 알곡을 추수할 일꾼들을 말합니다. 요셉과 같이 먼저 보냄을 받아 많은 생명을 구원하게 될 처음 익은 열매들입니다. 하나님의 인침을 받은 복음의 일꾼들, 주님과 함께 영광을 받기 위해 고난도 감수하는 하나님의 상속자들을 말합니다. 하나님의 소유가 된 백성, 왕 같은 제사장들입니다. 사도 요한은 처음 익은 열매를 주님이 피로 값 주고 사서 하나님의 소유로 드린 왕들과 제사장들이라 했습니다. 장차 새 예루살렘에 들어갈 권세를 받은 왕들과 제사장들로서 세세토록 왕 노릇할 자들입니다.

하나님은 처음 익은 열매로 자신을 하나님의 소유로 드린 성도들에게 이런 복을 약속하셨습니다.

> 네 재물과 네 소산물의 처음 익은 열매로 여호와를 공경하라 그리하면 네 창고가 가득히 차고 네 포도즙 틀에 새 포도즙이 넘치리라 잠 3:9-10

바울은 로마서 8장 23절에서 자신과 함께 복음 전파에 충성하는 성도들을 "성령의 처음 익은 열매를 받은 우리"라고 말합니다. 처음 익은 열매로 추수될 것이라는 성령의 보증, 즉 약속을 받았다는 뜻입니다. 요한계시록 14장 3-4절에 천사를 통해 하나님의 소유로 이마에 인침을 받은 처음 익은 열매들에 대한 설명이 나옵니다. 이들은 어린 양이 어디로 인도하든지 따라가는 자들입니다. 또 고린도전서 16장 15절에는 극상품의 첫 열매로 하나님께 드려진 가정에 대한 칭찬이 나옵니다.

> 형제들아 스데바나의 집은 곧 아가야의 첫 열매요 또 성도 섬기기로 작정한 줄을 너희가 아는지라 내가 너희를 권하노니 고전 16:15

스데바나의 집은 가족 전체가 부활의 첫 열매가 되신 주님을 닮은 복음의 일꾼임을 알 수 있습니다. 가족이 다 함께 처음 익은 열매로 추수되기를 사모합시다. 야고보는 하나님이 예수님을 닮은 첫 열매가 되게 하시려고 우리를 자녀로 낳았다고 했습니다.

> 그가 그 피조물 중에 우리로 한 첫 열매가 되게 하시려고 자기의 뜻을 따라 진리의 말씀으로 우리를 낳으셨느니라 약 1:18

늦은 비같이 부어질 성령의 권능을 받아 주님과 한 몸이 된 첫 열매의 단으로 일어설 때입니다. 마지막 대추수를 위해 늦은 비 성령의 권능을 받아 요셉과 같은 첫 열매의 단으로 일어설 때입니다.

해와 달과 별들의 영광이 다릅니다
04

　우리 민족은 5,000년 동안 크고 작은 전란만 900차례 이상 경험을 했습니다. 많은 전쟁들 중 한 식구끼리 원수가 되어 죽기 살기로 싸웠던 전쟁이 6.25입니다. 전쟁이 발발한지 한 달 반만에 북한군 주력 부대 12사탄과 5사탄은 동해안의 영덕과 강구를 거쳐 포항을 포위한 채 집중 공격을 했습니다. 후퇴를 거듭하던 국군 3사탄장은 당시 포항을 지키겠다고 모인 학도병 87명에게 집으로 돌아가도 좋다고 했습니다. 그런데도 학생 71명이 남아 M1 소총과 실탄 250발씩을 지급받아 유명한 포항여중 전투를 치릅니다. 학도의용군 71명이 마지막 백병전까지 치르면서 포항 시민과 피란민 20만 명이 형산강을 건너서 피난을 가도록 시간을 벌어 줍니다. 이들의 희생 덕분에 재정비한 국군은 포항을 탈환하고 낙동강 최후방어선을 구축합니다. 이 포항여중 전투에 참전했던 김문목 성도님이 얼마 전 소천하셨습니다. 10대에 전쟁의 참혹함이 무엇인지 깊이 체험하셨던 할아버지는 95세로 주님 품에 안길 때까지 늘 가슴에 별을 달고 사셨습니다.

별이라는 영어 단어 STAR와 상처라는 단어 SCAR는 알파벳 한자 차이입니다. 상처(SCAR)도 생각하기에 따라 별(STAR)이 될 수 있습니다. 요셉의 삶이 그러했습니다.

요셉은 하나님의 꿈을 꾸는 자였습니다. 아들이 4살 때쯤입니다. 친척들이 물어요. "너그 아부지 누고?" 애가 이렇게 대답합니다. "하나님이요" 목사 아들 답지요. 여러분에게 묻겠습니다. "너그 아부지 누고?"

믿음이 성장하면 삶의 목적이 "나의 꿈"에서 "하나님 아버지의 꿈"으로 변화됩니다. 첫 번째 꿈은 요셉이 묶은 첫 열매 한 단이 일어나 형들이 묶은 곡식단들에게 절 받는 꿈입니다. 이왕이면 부활의 첫 열매이신 주님과 한 몸의 지체로 묶여진 열매 한 단으로 추수되기를 꿈꿉시다. 두 번째 꿈은 농사를 지을 때 가장 중요한 날씨를 주관하는 하늘의 해, 달, 별들이 절하는 꿈입니다. 두 가지 꿈은 구원 받은 빛의 자녀들이 하늘에 계신 아버지께 엎드려 절하는 내용입니다. 썩어질 육체를 따라 짐승처럼 살다가 죽을 수밖에 없는 존재들이었는데 아버지 덕분에 영생을 상속받게 된 것입니다. 우리의 모든 허물을 친아들이 대신 담당하게 하심으로 우리를 빛의 자녀로 삼아 주시니 얼마나 고마운지요. 억지로 절하는 것이 아닙니다. 구원 받은 자의 벅찬 감격으로 아버지께 엎드려 절하는 겁니다. 요셉이 꾼 꿈 대로 장차 마지막 대추수가 끝난 후 반드시 일어날 일입니다.

두 번째 꿈에서 예수님 역할의 요셉은 해와 달과 열한 별들에게 절을 받습니다. 흥미 있는 것은 하나님의 완전수 열두 별이 아닙니다. 열두 지파, 열두 사도, 그래야 뭔가 숫자가 딱 맞을텐데 열두 별 중 한 별은 어디로 사라진 것일까요? 야곱의 열두 별과 같은 아들 중 떨어져 나간 한 별 요셉은 형들에 의해 노예로 팔립니다. 창세전에 예수 안에서 택함을 받아 처음 익은 열매로 많은 생명을 구원하기 위해 먼저 보냄을 받았습니다. 요셉이 앞서 보냄을 받은 곳은 사망의 음침한 골짜기였습니다. 어둠의 깊은 터널을 보이지도 않는 참 빛이신 주님과 함께 한 걸음 한 걸음 걸어갔습니다. 그 어둠의 터널 끝에서 한 별 요셉을 지극히 높여 해보다 더 밝게 빛나는 슈퍼스타로 높이십니다. 요셉이 해와 달과 열한 별들에게 절을 받는 비슷한 장면이 요한계시록에 나옵니다.

> 하늘에 큰 이적이 보이니 해를 옷 입은 한 여자가 있는데 그 발 아래에는 달이 있고 그 머리에는 열두 별의 관을 썼더라 계 12:1

사도 요한이 본 하늘의 큰 이적, 해와 달과 열두 별의 영광으로 옷 입은 한 여자는 누구일까요? 에베소서 5장에서 바울은 결혼으로 하나 되는 한 남자와 한 여자는 그리스도와 한 몸 된 교회의 큰 신비라고 했습니다. 즉 해와 달과 열두 별의 영광으로 옷 입은 한 여자는 한 남자 예수님과 한 몸의 지체로 온전히 하나된 하늘에 속한 교회를 말합니다. 여자가 옷 입은 해와 달과 열두 별은 그리스도와 한 몸의 지체가 된 하늘에 속한 성도들이 천국에서 누릴 영원한 신분과 영광을 의미합니다. 요셉의 두 번째 꿈은 약속대로 다시 오실 주님께서 추수를 다 끝낸 후 해와 달과 열두 별의 영광으로 옷 입은 성도들로부터 경배 받게 될 것을 계시하는 꿈입니다.

사망의 그늘진 땅을 밝히기 위해 하늘에 매단 조명 장치인 해, 달, 별들은 영원한 영광의 빛을 계시하기 위한 소품일 뿐입니다. 그러나 사망의 어둠에 거하는 땅의 백성들에게는 신들처럼 보였습니다. 그래서 미혹의 영 사탄이 이 세상의 신으로 둔갑시켜 숭배를 받게 했습니다. 창세기 10장, 11장의 니므롯 황제가 건국한 고대 바벨론 제국은 최초로 하늘의 해, 달, 별을 삼위일체 하나님같이 숭배했던 제국입니다. 이 고대 바벨론의 하늘 조명 장치 숭배가 세계 곳곳에 퍼져서 일월성신 숭배로 자리 잡게 됩니다. 우리의 해맞이, 달맞이, 새벽에 정화수를 떠 놓고 거기에 비친 별들에게 절하는 것이 다 해달별신 숭배의 일종입니다. 바울은 추수된 알곡 성도들이 부활하게 될 때 옷 입게 될 영광의 차이를 해, 달, 별들로 설명합니다.

> 해의 영광이 다르고 달의 영광이 다르며 별의 영광도 다른데 별과 별의 영광이 다르도다 고전 15:41

해의 영광으로 옷 입게 될 성도들은 지혜와 계시의 성령으로 마음 눈이 환하게 밝아진 성도들입니다. 달의 영광을 입게 될 성도들은 해보다 밝지는 않지만, 별들보다는 마음 눈이 밝아진 성도들입니다. 해와 달과 별들의 영광으로 옷 입은 자들은 하늘의 뭇 별과 같은 많은 사람들을 옳은 데로 돌아오게 한 지혜자들입니다. 지혜와 계시의 성령으로 어두운 마음 눈이 밝아져 성경을 통해 영생의 빛 예수님을 날마다 알아가는 성도들입니다. 성경을 통해 진리의 참 빛이신 예수님을 아는 만큼 우리 속사람은 하늘 영광으로 빛날 것입니다.

하나님의 꿈을 꾸는 자 요셉은 17세부터 30세까지 긴 어둠의 터널을 통과하면서 참 빛이신 주님과 늘 동행했습니다. 마침내 믿음으로 걸어갔던 긴 어둠의 터널 끝에서 해보다도 더 밝은 주님의 영광으로 옷 입게 됩니다. 예수님은 33년간 사망의 그늘진 땅에서 사람으로 살다가 마지막에는 사망의 구덩이로 던져집니다. 거기에서 사망의 짙은 어둠을 찢고 부활의 환희를 경험하게 됩니다. 아버지께서 친아들을 지극히 높여 해와 달과 별들의 모든 영광 위에 뛰어난 영광으로 옷 입혀 천국의 수퍼스타가 되게 하신 것입니다. 모든 이름이 천국의 슈퍼스타 예수 앞에 무릎을 꿇고 절하게 하신 것입니다. 하늘 보좌의 영광 중에 계시는 주님은 하늘의 권능들이 흔들려 별들이 떨어질 정도의 깊은 어둠이 드리울 때, 광명한 새벽별처럼 반드시 오실 것입니다. 늘 깨어서 이 세상 어둠 저 너머에 빛나는 광명한 새벽별을 날마다 관찰하는 큰 기쁨을 누리시기를 소망합니다.

천재 음악가 베토벤은 47세부터 57세로 생을 마감하는 마지막 10년 사이에 청력을 거의 상실하게 됩니다. 베토벤 교향곡 NO. 9은 "환희의 송가"입니다. 사망의 어둠을 돌파하고 구원의 빛을 본 영혼의 환희를 노래한 찬송입니다. 베토벤의 유언입니다.

위대한 사람은 깊은 고통의 어둠에서 밝은 빛의 환희를 노래할 줄 아는 사람이다.   루드비히 반 베토벤

혹시 지금 사망의 음침한 골짜기에서 헤매고 있다면 가장 어두운 때에 오히려 밝은 빛의 환희로 기뻐 찬양하시기 바랍니다.

창세기 37장 18-28절

18 요셉이 그들에게 가까이 오기 전에 그들이 요셉을 멀리서 보고 죽이기를 꾀하여
19 서로 이르되 꿈 꾸는 자가 오는도다
20 자, 그를 죽여 한 구덩이에 던지고 우리가 말하기를 악한 짐승이 그를 잡아먹었다 하자 그의 꿈이 어떻게 되는지를 우리가 볼 것이니라 하는지라
21 르우벤이 듣고 요셉을 그들의 손에서 구원하려 하여 이르되 우리가 그의 생명은 해치지 말자
22 르우벤이 또 그들에게 이르되 피를 흘리지 말라 그를 광야 그 구덩이에 던지고 손을 그에게 대지 말라 하니 이는 그가 요셉을 그들의 손에서 구출하여 그의 아버지에게로 돌려보내려 함이었더라
23 요셉이 형들에게 이르매 그의 형들이 요셉의 옷 곧 그가 입은 채색옷을 벗기고
24 그를 잡아 구덩이에 던지니 그 구덩이는 빈 것이라 그 속에 물이 없었더라

25 그들이 앉아 음식을 먹다가 눈을 들어 본즉 한 무리의 이스마엘 사람들이 길르앗에서 오는데 그 낙타들에 향품과 유향과 몰약을 싣고 애굽으로 내려가는지라
26 유다가 자기 형제에게 이르되 우리가 우리 동생을 죽이고 그의 피를 덮어둔들 무엇이 유익할까
27 자 그를 이스마엘 사람들에게 팔고 그에게 우리 손을 대지 말자 그는 우리의 동생이요 우리의 혈육이니라 하매 그의 형제들이 청종하였더라
28 그 때에 미디안 사람 상인들이 지나가고 있는지라 형들이 요셉을 구덩이에서 끌어올리고 은 이십에 그를 이스마엘 사람들에게 팔매 그 상인들이 요셉을 데리고 애굽으로 갔더라

깨어진 꿈
05

　우리에게 크게 상처를 주는 사람은 대부분 가까이에 있는 사람들입니다. 친밀하고 사랑했던 사람일수록 더 큰 상처와 아픔을 줍니다. 그래서 오죽하면 "믿는 도끼에 발등찍힌다."라는 속담이 만들어졌을까요? 사람은 믿을 대상이 아니라 사랑의 대상이요 용서의 대상이라는 것을 알아야 합니다. 동종 업계 종사자끼리 서로 시기, 질투하고 상처를 주고받는 일들이 많습니다. 사업가는 사업가를 질투하고, 야구 선수는 다른 야구 선수를 질투하고, 장로님은 다른 장로님을, 권사님은 다른 권사님을 시기,

질투합니다. 명심하세요. 가까이 있는 사람끼리 비교하고 상처를 준다는 것을요. 의사가 소설가를 질투하지 않습니다. 선생님이 영화배우를 시기하지 않습니다. 만약 그렇다면 병원에 가봐야 할 것입니다. 모든 사람에게 죄의 속성이 있기에 시기, 질투는 누구에게나 있습니다.

F.B. 마이어라는 세계적인 설교자요 저술가인 목사님이 있습니다. 마이어 목사님이 영국에서 목회를 할 당시 런던에 또 다른 유명한 두 분의 목사님이 계셨습니다. 한 분은 설교의 왕자라고 하는 스펄전 목사님이고, 또 한 분은 캠벨 몰간이라는 탁월한 지성을 가진 목사님이었습니다. 그런데 마이어 목사님이 작고하고 나서 그 일기장에 보니 이런 고백이 적혀있는 것입니다.

"켐벨 몰간 목사님이 우리 도시에 온 이후로 내 마음은 그 목사님을 향한 질투와 시기심으로 견디기가 힘들었다."

마이어 목사님은 자신의 마음속에 일어나는 시기와 질투심을 이겨내려고 간절히 기도하는 가운데 마침내 캠벨 몰간 목사님을 축복하는 자리까지 나아갈 수 있었다고 합니다. 나중에는 그의 사역을 통하여 축복받을 수 있도록 겸손하게 기도했다고 합니다. 나중에 쓴 일기에는 캠벨 목사님의 설교를 듣고 마이어 목사님이 큰 은혜를 받고 하나님께 크게 감사를 드렸다는 기록이 있었습니다.

사랑하는 여러분, 시기와 질투심은 하나님에게서 오는 것이 아닙니다. 이 마음의 배후에는 사탄의 파괴적인 궤계가 도사리고 있습니다. 사탄은 이 투기의 마음에 파괴적인 불을 붙여 가까이에 있는 사람들을 도둑질하고 죽이고 망하게 하려는 것입니다. 우리 마음속에 가까이에 있는 누군가 때문에, 동종 업계 종사자 때문에 질투와 시기심이 일어난다고 생각되거든 그를 축복하는 기도의 자리까지 나아가길 바랍니다. 그 기도로 투기의 파괴적인 불을 꺼뜨릴 수 있기를 축원합니다. 반대정신(Anti-Spirit)이라는 말이 있습니다. 시기와 질투가 있습니까? 용서와 화해의 정신으로 다가갑시다. 열등감에 시달립니까? 자존감을 일으켜야 합니다. 교만이 다가옵니까? 겸손으로 무장하십시오. 반대정신은 영적 싸움의 중요한 도구입니다.

본문은 요셉이 형들의 시기와 질투로 인하여 애굽으로 팔려가는 이야기를 다루고 있습니다. 요셉의 형들은 마음속에 일어나는 동생을 향한 시기와 질투심을 이기지 못하고 동생을 죽이려는 마음을 가지게 됩니다. 그리고 실제로 행동에 옮기게 됩니다. 아니 피붙이인데, 이복동생이지만 그래도 동생인데 어떻게 이럴 수가 있을까 생각할 수 있지만 서두에 말했듯이 대부분 가까이에 있는 사람이 가장 큰 상처를 주고 고통을 줍니다. 동생을 죽여야 겠다는 무서운 생각을 어떻게 행동으로 옮길 수 있었을까요? 만약 한 사람이 이 죄를 다 뒤집어쓴다면 누구도 감히 나서지 못했을 겁니다. 그러나 개인이 아니라 우리 모두가 그랬다는 생각이 가득했을 거예요. 우리 형제들이 그랬지 나는 아니라는 집단 심리가 작용했습니다. 이게 무섭습니다. 사람이 무서운 죄를 짓는 것은 익명성, 즉 자기 신변 보장이 될 것이라는 생각 때문입니다.

그러나 이런 죄악의 더 깊은 원인은 요셉의 꿈이 사람의 꿈이 아닌 하나님의 꿈이었기 때문입니다. 배후에 역사하는 사탄이 그것을 모를 리가 없었습니다. 요셉이 꾼 하나님의 꿈의 본질은 가족들이 요셉에게 절하고 경배하는 것이 아닙니다. 그 꿈의 본질은 하나님이 요셉을 통하여 다스리시고 왕이 되시겠다는 것입니다. 그러니 이 세상 임금 노릇을 하고 있는 사탄이 그 꿈을 가만히 보고 있을 수 없지요. 그래서 형들의 시기, 질투를 이용해서 요셉을 죽이려고 사주하는 것입니다. 이것은 우리도 마찬가지입니다. 여러분은 가정과 자녀와 직장을 위하여 하나님의 꿈을 꾸고 계십니까?

사탄이 기가 막히게 알고 그 꿈을 산산히 부서뜨리기 위해 우리를 시험합니다. 결국 형들은 이 사탄의 유혹에 넘어가고 맙니다. 그러나 죽임을 당할 수도 있는 결정적인 상황에서 르우벤과 유다의 중재로 요셉은 은 이십에 애굽으로 팔려가게 됩니다. 다행히 죽음은 면하게 된 것이죠.

오늘 말씀 속에는 하나님의 구체적인 손길이나 흔적이 나타나지는 않습니다. 그러나 분명히 이 긴박한 상황 속에서 하나님이 급하게 그리고 절묘한 타이밍으로 역사하신 것을 알 수 있습니다. 만약 하나님이 개입하지 않으시고 내버려두었다면 요셉은 꼼짝없이 죽고 말았을 것입니다. 그러나 죽지 않았습니다. 요셉의 가슴속에 묻혀있는 꿈은 다른 사람의 꿈이 아닌 바로 하나님의 꿈이었기에 하나님이 책임지십니다.

사도 바울의 가슴 속에는 이방 선교를 향한 놀라운 하나님의 꿈이 불붙고 있었습니다. 바울은 이 꿈을 따라 헌신하는 과정에서 여러 번 생명의 위협을 받고 실제로 죽을 뻔했지만 죽지 않았습니다. 사명을 다 이루기까지, 꿈을 다 이루기까지는 죽을 수가 없기 때문입니다. 하나님이 그 꿈을 위하여 지켜주시기 때문입니다. 바울은 고린도후서 6장 9절에서 이런 믿음을 고백합니다.

> 무명한 자 같으나 유명한 자요 죽은 자 같으나 보라
> 우리가 살아 있고 징계를 받는 자 같으나 죽임을 당하
> 지 아니하고 고후 6:9

왜일까요? 하나님이 절묘하게 역사하고 계시기 때문입니다. 하나님의 꿈을 간직한 사람들에게 시험과 역경과 시련이 있을 수 있습니다. 디모데후서 3장 12절에는 이런 말씀이 있습니다.

> 무릇 그리스도 예수 안에서 경건하게 살고자 하는 자
> 는 박해를 받으리라 딤후 3:12

그러나 분명한 것은 그 시련과 핍박 때문에 죽지 않는다는 것입니다. 가슴속에 하나님의 꿈이 살아있다면, 하나님의 불붙는 사명이 있다면, 그 꿈과 사명을 성취하기까지는 죽지 않습니다. 하나님이 지켜주십니다.

요셉은 구덩이에 던져졌습니다. 광야에 우물을 파려고 만들어진 구덩이입니다. 사막에 물을 저장하기 위해 만들어진 우물 구덩이는 일반적으로 호리병 모양으로 만들어집니다. 목은 좁고 안과 옆은 깊고 넓은 형태의 특성이 있습니다. 물의 증발을 막고 물을 오랫동안 보관해야 했기 때문입니다. 이런 구덩이의 특성상

한번 들어가면 혼자서는 나올 수 없는 곳입니다. 절망적이고 희망이라고는 전혀 없는 곳입니다. 단테의 유명한 고전인 『신곡』에 보면 지옥의 입구에 이런 간판이 붙어 있을 것이라고 했습니다. "이제, 일체의 희망을 버려라!" 희망이 없는 곳, 오직 절망만이 있는 곳이 지옥입니다. 바로 요셉이 지옥과 같은 구덩이에 빠진 것입니다. 이곳은 스스로는 나올 수 없고 오직 위로부터, 하나님으로부터 구원의 손길이 있어야 하는 곳입니다.

예수님도 우리를 구원하시기 위하여 이와 같은 구덩이에 빠지셨습니다. 그토록 사랑하는 동족들로 인하여 십자가 구덩이에 버림을 받았습니다. 대제사장과 서기관과 바리새인들의 불같은 시기 질투로 인하여 죽임을 당했습니다. 그 배후에는 예수님의 가슴속에 간직된 하나님 나라의 꿈을 깨뜨려 버리려는 마귀의 음모가 숨어있었습니다. 그리하여 예수님은 정죄되고 버림받아 무덤에 들어가고 말았습니다. 사탄이 이긴 것 같고 예수님을 못 박은 자들이 회심의 미소를 짓는 것 같습니다. 그러나 하나님이 예수님을 다시 살리셨습니다. 예수님 속에 간직된 하나님의 꿈을 지키기 위해서입니다. 하나님이 하나님의 꿈을 간직한 사람들의 배후에 역사하고 계십니다.

꿈이 있는 자, 하나님의 사명이 그 속에 있는 자는 죽지 않습니다. 살아야 할 이유가 있는 사람은 죽지 않습니다. 하나님이 지키시고 보호하십니다. 하나님은 오히려 그 꿈의 도전과 시험과 좌절을 통하여 합력하여 선을 이루시고 더 크게 영광을 받으십니다. 시련을 통하여 꿈의 사람을 훈련하십니다. 더 놀라운 하나님의 영광과 능력을 나타내십니다. 구덩이에 빠진 요셉은 얼마나 기가 막히겠습니까? 노골적으로 자신을 죽이려는 형들의 모습을 직면하면서 얼마나 당황스러웠겠습니까? 아마 우리 또한 이런 상황을 겪게 되면 처음엔 비슷한 반응을 보일겁니다. 살려 달라고 애걸복걸할 것입니다. 그러나 명심하세요. 여러분의 마음속에 하나님의 꿈이 살아있다면 죽지 않습니다. 반드시 합력하여 선을 이루십니다. 요셉은 죽지 않았습니다. 하나님은 르우벤과 유다를 사용하여, 또 때마침 애굽으로 가는 낙타를 탄 상단을 사용하여 절묘하게 구원의 문을 열어주셨습니다. 고린도전서 10장 13절에 이런 말씀이 있습니다.

> 사람이 감당할 시험 밖에는 너희가 당한 것이 없나니 오직 하나님은 미쁘사 너희가 감당하지 못할 시험 당함을 허락하지 아니하시고 시험 당할 즈음에 또한 피할 길을 내사 너희로 능히 감당하게 하시느니라 고전 10:13

꿈의 사람에게는 하나님이 피할 길을 열어주십니다. 믿음의 여정에서 구덩이에 빠졌다고 생각되십니까? 희망이 사라졌습니까? 절망의 먹구름이 짙게 드리웠습니까? 그래서 하나님의 꿈이 깨어지고 끝났다고 생각하십니까? 그렇지 않습니다. 하나님은 계속하여 졸지도 주무시지도 않고 우리에게 주신 하나님의 꿈을 향하여 시험과 시련의 때에도 역사하고 계십니다. 지금 요셉은 이 상황 속에서 역사하시는 하나님을 볼 수가 없습니다. 여기에 하나님의 오묘한 섭리가 있는 것을 알지 못했습니다. 보지 못하고, 알지 못하지만 요셉은 하나님의 인도하심의 큰 흐름을 따라가고 있었던 것입니다.

사랑하는 여러분, 참으로 능력 있는 사람은 자신의 실력과 힘으로 꿈을 성취하는 사람이 아닙니다. 하나님의 꿈을 성취하는 분은 하나님 자신입니다. 하나님의 꿈에 대하여 능력 있는 사람은 다름 아닌 처음 주신 하나님의 꿈을 믿음으로 끝까지 붙드는 사람입니다. 꿈이 깨어지고, 산산이 부서진 것 같은 상황에서도 하나님을 향한 신뢰의 고삐를 늦추지 않고 믿음으로 전진했던 사람들입니다.

꿈을 향한 우리의 여정에도 지옥 같은 절망의 구덩이가 있을 수 있습니다. 그러나 구덩이는 절망의 장소, 고통의 장소만이 아닙니다. 우리를 향한 하나님의 훈련의 장소요, 놀랍고 오묘한 섭리가 존재하는 장소가 될 수도 있다는 것을 기억하십시오.

  명심하세요. 꿈을 깨뜨리고 도둑질하고 죽이려는 사탄이 있지만, 오묘한 섭리로 더 높은 차원에서 역사하시는 하나님이 계신다는 사실을, 그러므로 꿈의 사람에게 요청되는 것은 언제나 신뢰인 것을 명심해야 합니다.

창세기 39장 1-5절

1 요셉이 이끌려 애굽에 내려가매 바로의 신하 친위대장 애굽 사람 보디발이 그를 그리로 데려간 이스마엘 사람의 손에서 요셉을 사니라
2 여호와께서 요셉과 함께 하시므로 그가 형통한 자가 되어 그의 주인 애굽 사람의 집에 있으니
3 그의 주인이 여호와께서 그와 함께 하심을 보며 또 여호와께서 그의 범사에 형통하게 하심을 보았더라

4 요셉이 그의 주인에게 은혜를 입어 섬기매 그가 요셉을 가정 총무로 삼고 자기의 소유를 다 그의 손에 위탁하니
5 그가 요셉에게 자기의 집과 그의 모든 소유물을 주관하게 한 때부터 여호와께서 요셉을 위하여 그 애굽 사람의 집에 복을 내리시므로 여호와의 복이 그의 집과 밭에 있는 모든 소유에 미친지라

불행 속의 형통
06

　서점에 가서 책을 한번 살펴보면 대부분 책의 주제가 몇 가지로 압축됩니다. 성공, 사랑, 건강이 3대 주제인 것 같습니다. 베스트셀러를 쓰려면 이 3가지 주제 중의 하나를 다루어야 할 정도입니다. 그중에서도 가장 많은 책이 아마도 성공에 대한 책일 것입니다. 예나 지금이나 사람들은 성공에 대하여 관심이 많습니다. 성공적인 인생, 성공적인 신앙생활을 한다는 것은 성도에게도 참 중요한 일입니다.

오늘 본문에 나타나는 "형통하다"라는 히브리어 원어는 "마츨리아흐"입니다. 이것은 아무런 장애 없이 돌진하고 공격해 들어가는 것처럼 상황이 급속하게 나아지는 것을 의미합니다. 아주 역동적이고 적극적인 단어입니다. 하나님이 거침없이 주도적으로 일을 해 나가시는 것을 묘사하는 단어입니다. 그 누구도 하나님이 하시는 일을 막을 수 없습니다. 그런데 이 형통을 영어 성경에서는 "Success"라고 번역하고 있습니다. 우리식으로 말하면 성공이라고 번역할 수 있죠. 오늘 말씀 속에는 형통, 즉 성공에 대한 귀중한 가르침이 숨어 있습니다.

먼저 본문을 통해 알 수 있는 것은 하나님의 꿈을 꾸는 사람은 고난과 시련 중에서도 형통하고 성공적인 인생을 살 수 있다는 사실입니다. 분명히 본문 39장 1절에서는 요셉이 애굽의 친위대장 보디발의 집에 노예로 팔려 갔다고 기록되어 있습니다. 특별한 관심과 사랑을 받던 소년이 하루아침에 형들에 의하여 노예로 팔려 갔다고 생각해 보세요. 세상에 이보다 더한 불행이 있겠습니까? 이런 일을 당하면 십중팔구 죽고 싶다고 생각할 것입니다. 그런데 요셉은 시위대장 보디발의 집에서 형통한 자가 되었다고 합니다. 다시 말하면 성공자가 된 것이죠. 어떻게 이런 인생 역전이 가능했을까요? 그 비밀이 2절에 나타납니다.

여호와께서 요셉과 함께 하시므로 그가 형통한 자가
되어 그의 주인 애굽 사람의 집에 있으니 창 39:2

여호와께서 요셉과 함께하셨기 때문입니다. 그런데 하나님이 요셉과 함께한 것은 노예의 때만이 아니었습니다. 창세기 39장 21절에서 억울하게 감옥에 갇혀 죄수의 몸이 되었을 때에도 하나님이 함께하셨다고 합니다. 그래서 요셉은 노예 생활 속에서도, 감옥에서도 형통할 수 있었습니다. 성공적인 인생을 살 수 있었던 것입니다.

우리에게 중요한 것은 어디에서 사느냐가 아닙니다. 어떻게 사느냐입니다. 환경적으로 열악하고 힘든 곳에 있어도 하나님과 함께 살아가는 그 사람이 형통한 사람이요 성공적인 사람입니다. 이것이 신앙인의 성공관이 되어야 합니다. 몇 년 전 고향이 서울인 형제님과 대화를 나눈 적이 있습니다. 사업차 포항에 내려온지 20년이 다 되어가는 분입니다. 얼마 전까지만 해도 이곳 포항을 먹고살기 위해 어쩔 수 없이 내려온 유배지처럼 생각했다고 합니다. 그러나 지금은 하나님의 은혜와 섭리를 깨닫고 유배지 의식을 버리고 살고 있습니다. 한번 생각해 보세요. "어디에 사는지"를 의식해 왔던 그 성도님의 지난 20년의 세월은 유배의 생활이 아니고 무엇입니까? 성공은 "어디에"가 아닙니다. "어떻게 사느냐"에 있습니다. "어디에 있든지 하나님과 함께 동행하는가?" 하나님과 함께하는 것, 이것이 성도의 형통의 비밀이요 성공의 비밀입니다. "주 예수와 동행하니 그 어디나 하늘나라" 하나님과 동행하는 성도는 어디서나 천국의 능력을 맛보게 됩니다. 그래서 성도에게 중요한 것은 어디에 사느냐가 아니라 어떻게 사느냐입니다. 이왕이면 더 좋은 환경, 더 좋은 집, 더 좋은 직장에서 지내는 것이 좋겠지요. 그러나 그런 곳에 있다고 꼭 성공적인 것은 아닙니다. 성공은 어떤 태도로 인생을 사느냐에 달려있습니다.

요셉은 세상의 눈으로 보기에는 불행하고 실패한 사람 같지만 신앙의 기준으로는 그렇지 않았습니다. 하나님과 함께하였기에 신앙의 기준에서는 성공자였습니다. 화니 크로스비라는 시작장애 여성이 있습니다. 어린 시절 실명을 하여 평생을 장애를 갖고 살아가야만 했습니다. 이 자매가 작사한 놀라운 찬양 중에 이런 찬양이 있습니다.

> 나의 갈길 다가도록 예수 인도하시니 내 주 안에 있는 긍휼 어찌 의심하리요 믿음으로 사는 자는 하늘 위

로 받겠네 무슨 일을 만나든지 만사 형통 하리라 무슨 일을 만나든지 만사 형통 하리라　나의 갈 길 다가 도록(찬384장)

시각 장애를 가진 이 자매는 어떻게 만사형통을 노래하고 있습니까? 비록 보이지 않지만 하나님과 함께하는 것, 믿음으로 하나님과 동행하고 있었기 때문입니다.

사랑하는 여러분, 상황이 힘듭니까? 만족함이 없습니까? 그래서 형통하지 못한 것 같고, 성공하지 못한 것 같은 상대적인 박탈감에 시달리고 있습니까? 생각과 관점을 바꿉시다. 진정한 성공은 하나님이 우리와 함께하느냐에 달려있습니다. 만약 우리가 하나님의 꿈을 간직하며 살아가고 있다면 하나님은 언제나 그 꿈의 사람과 함께하십니다. 하나님이 함께하는 사람은 종으로 팔려 갔을지라도, 감옥에 있을지라도, 질병 가운데 있을지라도 아무 문제 없습니다. 하나님과 함께하는 것이 진정한 형통이요, 성공이기 때문입니다.

예수님의 별명은 임마누엘입니다. 임마누엘은 하나님이 우리와 함께하신다는 뜻입니다. 예수님을 이 땅에 보내주신 것은 우리 인생들에게 하나님이 함께하신다는 은혜의 표징이 되는 것입니다. 그러므로 누구든지 이 임마누엘, 예수 그리스도를 믿는 사람에게는 하나님이 함께하십니다. 다만 우리가 함께하시는 하나님을 믿지 못하여 우리 편에서 낙심하고 불평하는 것이 문제일 뿐입니다. 그러나 예수 그리스도 안에서 우리와 함께하시는 하나님을 믿을 때 하나님께서 실제로 우리와 함께함을 실감나게 발견하게 될 것입니다. 요셉의 성공의 비밀은 하나님이 함께했다는 사실입니다. 그리고 그 함께하시는 하나님을 요셉이 믿었다는 것이 성공의 비밀이었습니다.

하나님의 꿈을 향하여 나가는 사람들의 독특한 형통 중의 하나가 바로 불행 속의 형통, 시련 가운데의 형통입니다. 만사형통은 고난이 완전히 사라지는 상태가 아닙니다. 어려움이 사라지는 것을 말하지 않습니다. 오히려 고난과 시련을 뚫고 하나님의 꿈을 이루어가는 것이 형통입니다. 이런 의미에서 요셉은 형통했습니다. 성공적인 인생이었습니다. 3절을 보면 하나님이 요셉과 함께하셔서 그가 형통케 됨을 요셉의 주인이 보았다고 기록하고 있습니다. 이 사실이 중요합니다. 하나님과 동행하는 사람, 하나님이 함께하는 사람은 다른 사람이 알아차릴 수 있습니다.

교회 안에 예수 잘 믿고 늘 하나님께 동행하는 성도님의 모습을 떠올려 보세요. 그분들의 삶의 모습이 어떠합니까? 아무런 문제나 어려움이 없는 것은 아니지요. 그런데 어떻든가요? 신기하게도 하나님의 도우심과 복주심이 있지요, 모든 것이 합력하여 선을 이루어 가시는 것을 확인할 수 있습니다. 하나님이 도우시고 함께하는 삶은 주변 사람들이 알아차릴 수 있어요. 하나님의 도우심의 범위는 범사입니다. 영어로는 "Everything"입니다. 물론 이 Everything 속에는 시련과 고난, 역경도 포함됩니다. 하지만 하나님은 모든 것(Everything)을 합력하여 선을 이루어 가십니다.

　5절에 보면 여호와께서 요셉을 위하여 그 애굽 사람의 집에 복을 내리시므로 여호와의 복이 그의 집과 밭에 있는 모든 소유에 미쳤다고 기록되어 있습니다. 애굽 사람 보디발의 집이 복을 받은 이유는 단순합니다. 보디발이 하나님 보시기에 복 받을 만해서가 아닙니다. 하나님의 꿈을 품고 있는 요셉 때문에, 그 요셉을 위하여 애굽 사람의 집에 복을 내리시는 겁니다. 보디발에게 요셉이야말로 복덩이인 것이죠. 이 사실을 주인도 알았습니다. 성도는 단순히 복을 받는 데 그쳐서는 안됩니다. 복덩어리가 되어야 하고 복의 근원이 되어야 합니다.

　믿지 않는 집안에서 홀로 신앙생활을 하고 있는 자매가 있습니다. 이 자매가 새벽마다 자신의 가족들을 위하여 얼마나 중보기도를 드리는지 가족들이 이런 말을 한다고 합니다. "우리 가정이 이렇게 평안한 것은 네가 새벽마다 기도를 많이 해줘서 그런가 보다." 가족들이 교회는 잘 나오지 않는데 힘든 일이 생기면 꼭 이 자매에게 기도를 부탁한다고 합니다. 그 가정의 복덩이이지요. 믿음의 눈으로 바라보면 복 받는 가정마다 복의 근원이 되는 분이 한 분씩 꼭 있습니다. 저희 처가 쪽을 보면 복의 근원이 되신 분이 사모의 외할머니였던 거 같습니다. 90세가 넘어 돌아가시기 직전까지 집안의 모든 자손들 이름을 다 불러 가며 중보기도를 드리셨다고 합니다. 저는 또 손주 목사 사위라고 더 기도해 주셨습니다. 돌아가시기 얼마 전에 그 어른을 뵐 수 있었는데 90세가 넘은 나이인데도 얼굴이 소녀같이 맑고 눈이 밝게 빛났던 것을 기억합니다. 직감적으로 "이 분이 복덩이시구나."라고 알 수 있었죠. 여러분, 복 받는 가정이 되길 원하시면 복덩어리가 되세요. 복의 근원이 될 수 있기를 축원합니다.

요셉은 노예로 있었지만 주인의 신임을 얻어 보디발의 집안일을 관장하는 최고 집사의 역할을 감당하였습니다. 이것은 분명 요셉에게 베푸신 하나님의 복입니다. 그러나 하나님의 꿈을 간직한 사람에게 베푸시는 하나님의 복은 개인에게만 국한되는 것이 아닙니다. 하나님의 복은 흘러가는 것입니다. 이 복은 그 사람이 가는 곳마다 흘러 넘치는 특징을 갖고 있습니다. 그래서 이 복은 개인적인 복일뿐만 아니라 공동체적인 복인 것입니다.
창세기 49장 22절에서 요셉의 아버지 야곱이 요셉에게 예언적인 축복을 해준 내용이 무엇입니까?

> 요셉은 무성한 가지 곧 샘 곁의 무성한 가지라 그 가지가 담을 넘었도다 창 49:22

샘 곁의 무성한 가지라는 말이 무슨 의미일까요? 하나님의 은혜와 도우심을 늘 받는 사람이라는 말입니다. 그럼 가지가 담을 넘었다는 말은 무슨 말입니까? 요셉에게 임한 복이 요셉 개인에게만 국한된 것이 아니라 요셉을 통하여 그가 속한 애굽사람 보디발의 집에 임하게 되었습니다. 그뿐만 아니라 요셉이 애굽의 총리가 되었을 때는 그를 통하여 애굽이 복을 받고 열방이 복을 받는 일이 생겨났습니다. 개인의 범위를 넘어 가지가 담을 넘었던 것입니다. 요셉에게 임한 하나님의 복의 지경이 점점 확장된 것을 말합니다. 복의 근원이 된 것입니다. 하나님의 복을 흘려보내는 통로로 쓰임 받았습니다.

수년간 경제적인 고통과 시련을 많이 겪었던 한 집사님이 계십니다. 힘든 시간을 통해 하나님을 더욱 찾게 되었고 마침내 하나님 없이는 한순간도 살아갈 수 없는, 하나님과 늘 동행하는 믿음의 사람이 되었습니다. 그렇게 2년이 흘렀습니다. 때가 되어 하나님이 그 집사님을 축복하기 시작하는데 놀랍도록 부어주시는 것입니다. 이분이 저를 찾아왔습니다. 갑자기 하나님이 놀랍도록 부어주시니 솔직히 무섭고, 이렇게 바쁘게 살다가 하나님을 놓칠까 겁난다고 말했습니다. 그래서 제가 이렇게 말씀드렸습니다. "이것은 복의 모습으로 오는 시험입니다. 중요한 것은 하나님과 늘 동행하고 함께하는 것이고, 주신 복을 주님을 위하여 잘 사용하세요." 복은 혼자만을 위한 것이 아닙니다. 복은 그가 속한 공동체를 위한 것임을 명심하세요.

요셉은 지금 노예 상태에 있습니다. 그러나 요셉의 삶의 태도와 정신은 노예가 아니었습니다. 그는 하나님과 동행하는 성공자였고, 정신적으로는 주인의 모습으로 살았습니다. 하나님은 요셉의 성실과 성숙을 눈여겨보셨습니다. 그리고 때가 되매 "잘하였도다 착하고 충성된 종아" 하시며 더 많은 것을 맡겨주시고, 더 높여주심으로 놀라운 축복의 유통자로 세우셨습니다. 하나님께서 여러분 모두를 요셉과 같이 하나님께 인정받는 축복의 유통자로 세워주시기를 축원합니다.

형통 속의 시험
07

수년 전 일본에 불특정 다수의 중년 남성들에게 공갈성 협박 편지를 보내 돈을 뜯어낸 사건이 있었습니다. "사토 사토루"라는 사람이 범인으로 체포되었는데, 이 사람이 일본의 수도권에 사는 회사 중역 200명을 무작위로 골라 이런 편지를 보냈답니다.

"당신이 바람피운 사실을 알고 있다. 증거물을 없애는 대가로 50만 엔(약 500만 원)을 입금해라. 만약 돈을 보내지 않으면 불륜 사실을 집과 이웃, 그리고 회사에 폭로하겠다."

어떤 일이 벌어졌을까요? 범인도 반신반의하며 보낸 편지인데, 겁먹은 60여 명의 남자들이 입금했고 범인의 계좌에 총 2천 2백만 엔(약 2억 2천만 원)이 입금되었답니다. 그런데 더 가관인 것은 우리나라에서도 이와 비슷한 일이 2010년도에 일어났습니다. 아마도 이 일본의 사건을 모방한 범죄 같기도 합니다. 공무원과 공기업 직원들을 대상으로 무작위로 전화를 걸어 "불륜 사실을 폭로하겠다. 증거가 있으니 돈을 입금해라."고 했다 합니다. 이렇게 해서 14명으로부터 3,700만 원을 뜯어낸 사람이 구속되었습니다. 이러한 사건의 의미가 무엇입니까? 공갈 협박이 나쁜 짓이긴 하지만 더 문제는 이런 공갈 협박이 통하는 이 사회의 현실이 더 문제입니다. 왜 돈을 입금합니까? 뭔가 켕기는 것이 있으니까 입금하는 것이죠.

"바비 클린턴"이라고 하는 크리스찬 리더십 교수는 신앙의 여정에서 겪게 되는 대표적인 유혹으로 다음과 같은 것을 들고 있습니다. 돈의 오남용, 권력의 남용, 교만, 성적인 문제, 가족 관계의 갈등이 그것입니다. 그런데 이러한 문제들은 신앙인이 아니더라도 동서고금을 막론하고 사람들을 실족시키는 주제들입니다. 특별히 하나님의 영광을 드러내야 할 사명이 있는 성도들은 이런 문제들을 잘 다루어야 합니다.

꿈을 향한 믿음의 여정에는 여러 가지 유혹들이 도사리고 있습니다. 그것은 마치 에베레스트산과 같은 높은 산을 올라갈 때 위험 요소들이 있는 것과 마찬가지입니다. 그중에서도 요셉이 지금 경험하고 있는 성적인 유혹은 오늘날 이 사회에 아주 폭넓게 퍼져 있는 대표적인 유혹이라고 할 수 있습니다. 어떤 신학자가 말하기를 20세기에 들어와서는 성적인 문제와 관련된 도덕의 절대적인 경계선이 무너지고 말았다고 탄식하였습니다. 요즈음 웬만한 사람들은 바람피우는 것은 죄도 아닌 것으로 생각합니다. 결혼했음에도 불구하고 남자 친구, 여자 친구가 없으면 바보 취급당하기도 한답니다. 그런데 이런 사회의 풍조가 교회 안으로도 조금씩 유입되어 들어온다는 것이 문제입니다. 사회가 그런 방향으로 흘러가니 교회의 성도들도 성적인 죄에 대하여 무감각해지는 경향이 있습니다.

성도를 유혹하는 많은 일들의 배후에는 항상 우리를 하나님과 분리시켜 망하게 만들려는 사탄의 궤계가 숨어 있습니다. 베드로 사도는 유혹하는 사탄의 세력을 삼킬 자를 찾아 두루 다니는 우는 사자와 같다고 했습니다. TV에서 사자가 먹잇감을 사냥하는 모습을 본 적이 있습니다. 사자가 먹잇감을 사냥할 때 어떻게 합니까? 잔뜩 몸을 낮추고 먹잇감에게 접근하여 기회를 노리고 있습니다. 그리고 결정적인 순간에 먹잇감을 덮치는데 주로 어디를 물던가요? 목덜미를 뭅니다. 그곳이 가장 취약하고 치명적인 부분이기 때문입니다. 사탄은 우리의 약한 부분을 잘 압니다. 어디를 건드리면 넘어질지를 잘 압니다. 그래서 어떤 목사님은 사탄을 가장 탁월한 심리 전문가라고 했습니다.

사탄이 하나님의 꿈을 간직하고 있는 요셉을 주목했습니다. 요셉을 통하여 이루려는 하나님의 꿈과 계획이 원대하다는 것을 알았습니다. 그래서 사탄으로서는 요셉을 유혹하여 반드시 망하게 해야만 했습니다. 사탄의 세력들은 작전 회의를 거듭한 결과 이방 땅에 잡혀 와 외롭게 살고 있는 청년 요셉을 이성으로 유혹하는 것이 좋겠다고 결정했습니다. 그래서 등장한 여인이 주인의 아내였습니다. 본문 6절에 보면 요셉은 용모가 빼어나고 아름다웠다고 합니다. 우리식으로 말하면 훈남이었죠. 그러니 이 주인아줌마가 관심을 가질 만했겠지요.

주인아줌마의 유혹은 매우 집요했습니다. 10절에 보니 이 여인이 날마다 요셉에게 청하였다고 합니다. 유혹의 속성이 여기에 있습니다. 하나님의 꿈을 품고 나아가는 자에게 유혹은 완전히 사라지지 않습니다. 언제나 끈질기게 따라다닙니다. 한두 번, 유혹하고 끝나는 것이 아닙니다. 꿈의 사람에게는 생애 전체를 통하여 유혹이 있다는 것을 알아야 합니다. 그래서 하나님은 섰다고 생각하는 자는 넘어질까 조심하라고 했습니다.

요셉의 경우에는 성적인 유혹이 있었지만 유혹은 각자에게 다양한 모습으로 나타납니다. 술, 돈, 권력, 명예 등 여러가지 모습이 있습니다. 요한일서 2장 16절에 이렇게 나와있습니다.

> 이는 세상에 있는 모든 것이 육신의 정욕과 안목의 정욕과 이생의 자랑이니 다 아버지께로부터 온 것이 아니요 세상으로부터 온 것이라 요일 2:16

이 죄악 된 세상 속을 살아가면서 그 누구도 유혹으로부터 자유할 수 없습니다. 권력형 비리 사건은 뉴스에 자주 등장합니다. 무슨 유혹입니까? 권력의 유혹, 돈의 유혹입니다. 저 사람들 왜 저러냐며 욕을 하지만 그게 그렇게 쉽지 않죠. 인간의 역사를 보면 권력형 비리가 없었던 적이 없습니다. 그런데 그 유혹의 주제가 대부분 비슷합니다. 개혁의 주체 세력조차도 비슷한 유혹에 넘어갈 때가 있습니다. 여기서 우리가 교훈을 얻어야 할 것이 무엇입니까? 우리도 유혹에 넘어갈 수 있다는 사실입니다. "나는 아니야!" 그렇지 않습니다. 우리는 어떻게 해야 합니까? 정신을 바짝 차리고 죄를 경계하며 조심해야 합니다. 나는 아니야 큰 소리 치지 말아야 합니다.

　제가 교역자 회의를 하면서 가끔 하는 말이 있습니다. "이성 문제 생기기만 해봐라. 다 죽여버린다!" 제가 그러면 부목사님들이 다 웃습니다. 우리에게는 그런 일이 없을 거라는 의미겠지요. 그러나 방심하지 말아야 합니다. 서릿발 같은 영적인 날을 세우고 아예 허점을 주면 안 됩니다. 어떤 의미에서 목회자는 그 교회 안에서는 만인의 연인입니다. 강단에서 조명발 받고, 예쁜 넥타이 하고 말쑥하게 서 있는 목사님들을 보면 소위 말하는 〈꽃보다 남자〉처럼 보일 수 있습니다. 맨날 다툼이나 하는 남편과 달리 '야 저 목사님 완전 나의 이상형이다.'라는 엉뚱한 생각을 하게 됩니다. 그 배후에 사탄의 유혹이 숨어 있습니다. 목회자에게만 그렇습니까? 순모임에서나, 각종 봉사 모임 등 얼마든지 이런 일이 일어날 수 있습니다. 그래서 틈을 주면 안 됩니다. 성적인 죄는 21세기에 사탄이 교회를 넘어뜨리고 더럽히기 위한 가장 간교하고 끈질긴 유혹이라는 것을 알아야 합니다. 특별히 지도자들이 범죄하면 교회가 너무 힘들어집니다. 그러니 각별히 조심하고 또 조심해야 합니다.

　그런데 요셉이 경험하고 있는 이 유혹이 더 어렵고 교묘한 것은 요셉이 불행 중에도 형통할 때 이런 일이 발생했다는 것입니다. 그 주인집의 가정 총무로 사실상 주인을 제외하고는 가장 높은 위치에 올랐을 때입니다. 힘들고 어려울 때도 유혹에 빠질 수 있습니다. 그러나 형통하고 높은 지위에 오를 때, 모든 것이 편안하게 전개될 때 사탄은 우리를 무장해제시켜 유혹에 넘어지게 만듭니다. 그러므로 형통하고 평안할 때 더욱 조심하여 깨어 있어야 합니다. 모든 것이 평안합니까? 안정적입니까? 살 만합니까? 조심해야 할 때입니다.

유혹의 때는 우리 믿음의 수준을 점검받는 때라고 할 수 있습니다. 정말 하나님만 의뢰하는 믿음인지 아닌지는 시험의 때, 유혹의 때에 입증됩니다. 세계의 유명 자동차 회사들은 신제품을 시장에 내놓기 전에 여러 가지 성능 테스트를 한다고 합니다. 이 차가 과연 충격에도 잘 견디는지, 아주 추운 날씨나 더운 날씨에서도 성능에 변화가 없는지, 장거리 주행을 해도 이상이 없는지 수많은 테스트를 거친 다음에 차가 시장에 출시됩니다. 시험도 이와 같은 의미가 있습니다. 하나님의 꿈을 위하여 우리를 본격적으로 사용하시기 전에 여러 상황을 가정하고 테스트를 하십니다. 인격, 도덕성, 인내력, 지도력 등을 점검해 보시고 더 귀하게 쓰려는 사람일수록 더 많은 테스트를 통과하게 됩니다.

디모데후서 4장 7-8절에서 바울은 자신의 삶을 돌아보면서 자

부심을 가지고 이런 고백을 합니다.

> 나는 선한 싸움을 싸우고 나의 달려갈 길을 마치고 믿음을 지켰으니 이제 후로는 나를 위하여 의의 면류관이 예비되었으므로 … 딤후 4:7-8

바울은 수많은 사탄의 유혹 앞에서도 끝까지 자신에게 주신 하나님의 꿈을 붙들고 믿음을 지켰음을 알 수 있습니다. 유혹에 넘어가지 않고 끝까지 꿈을 향하여 달려간 성도들에게 하나님은 큰 상급으로 면류관을 주십니다.

어떻게 하면 꿈의 여정에서 생겨나는 수많은 유혹을 이길 수 있을까요? 유혹을 피해 수도원으로 들어가 보세요. 그곳에서도 유혹이 있을 것입니다. 다른 길이 없습니다. 하나님의 꿈에 온전히 집중하는 수밖에 없습니다. 다른 것에 마음을 빼앗길 틈이 없도록 하는 수밖에 없습니다.

옛날 한 젊은 신하가 나이 많은 지혜로운 임금님께 질문을 했습니다. "어떻게 하면 유혹을 피하고 나라를 위한 깨끗한 충신으로 일할 수 있겠습니까?" 임금님은 그 젊은이의 질문이 기특하여 이런 명을 내립니다. "그릇에다가 물을 가득 채워서 이 그릇을 들고 정한 시간 안에 시내를 한 바퀴 돌아와라." 그러면서 덧붙이기를 만일 물을 한 방울이라도 흘리는 날에는 큰 벌을 내리겠다고 했습니다. 그리고는 창과 칼을 든 군사들로 하여금 그 뒤를 따르게 했습니다. 신하는 괜한 질문을 해서는 곤욕을 치르게 된 것이죠. 신하는 조심조심 물그릇을 들고 물 한 방울 쏟지 않고 정한 시간에 궁궐로 돌아왔다고 합니다. 그러자 임금은 크게 칭찬하면서 그 신하에게 물었습니다.

"자네가 시내를 한 바퀴 도는 동안 여자를 보았나?"
"못 보았습니다."
"그럼 술집을 보았나?"
"못 보았습니다."
"그러면 길거리에 사람들이 얼마나 나왔는지 보았나?"
"아니요, 못 보았습니다. 물그릇에 집중하느라 아무 것도 본 것이 없습니다."
"바로 그걸세. 자네가 해야 할 소명에 마음을 집중하여 최선을 다하면 하지 않아도 되는 시시한 일들은 보이지도 들리지도 않을걸세. 앞으로 물그릇을 들고 다닌 것처럼 그렇게 나랏일에 충성하게나. 그러면 자네는 분명히 훌륭한 청백리가 될걸세."

다른 것에 마음을 빼앗겨서는 안 됩니다. 성도는 오직 하나님이 주신 꿈, 하나님이 주신 사명에 집중할 때 유혹으로부터 보호받을 수 있습니다. 그뿐만 아니라 유혹을 이기려면 순간순간 하나님의 말씀에 집중해야 합니다. 다르게 말하면 만나를 먹어야 한다는 말입니다. 끈질기게 다가오는 사탄의 유혹을 다른 무엇으로 이겨낼 수 있겠습니까? 말씀을 날마다 밥처럼 먹고 마시는 방법뿐이다. 예수님은 광야에서 40일간 금식한 후에 사탄의 집요한 유혹을 말씀으로 이기셨습니다. 40일 밥을 굶은 와중에서도 예수님의 마음과 생각에는 하나님의 말씀이 가득했다는 말입니다. 사무엘 선지자를 보세요. 그가 왜 탁월한 선지자로 일생을 쓰임 받을 수 있었습니까? 늘 하나님의 말씀을 청종하는 삶을 살았더니 그의 입에서 나오는 말 한마디도 땅에 떨어지지 않는 선지자로 쓰임 받을 수 있었던 것입니다.

유혹을 이기겠다고 결심하고 마음을 먹는 것만으로는 안됩니다. 늘 무장하고 깨어 있어야 합니다. 우리가 어떻게 깨어 있을 수 있습니까? 하나님 말씀을 늘 내 심령에 묵상하는 수밖에 없습니다. 시편 1편에 보세요. 복 있는 사람은 악인들의 꾀를 따르지 아니하고, 죄인의 길에 서지 아니하고, 오만한 자의 자리에 앉지 아니한다 그랬습니다. 죄의 유혹에 넘어가지 않는 사람이 복 있는 사람입니다. 어떻게 이런 일이 가능합니까? 복 있는 사람은 주야로 하나님의 말씀을 묵상하기 때문입니다. 만나를 먹고 말씀대로 살고 실천하기 때문에 그 행사가 다 형통하게 됩니다.

하나님의 꿈을 간직한 사람에게 유혹이 있을 수 있습니다. 그 유혹은 집요합니다. 형통할 때의 유혹이 극복하기가 더 어렵습니다. 유혹을 이길 때에 상이 있고 영광이 있습니다. 유혹을 이기는 삶은 하나님 주신 꿈, 하나님 주신 사명에 집중하는 삶입니다. 하나님 말씀으로 무장하여 영적으로 깨어 있기를 소망합니다.

창세기　40장 12-23절

12 요셉이 그에게 이르되 그 해석이 이러하니 세 가지는 사흘이라
13 지금부터 사흘 안에 바로가 당신의 머리를 들고 당신의 전직을 회복시키리니 당신이 그 전에 술 맡은 자가 되었을 때에 하던 것 같이 바로의 잔을 그의 손에 드리게 되리이다
14 당신이 잘 되시거든 나를 생각하고 내게 은혜를 베풀어서 내 사정을 바로에게 아뢰어 이 집에서 나를 건져 주소서
15 나는 히브리 땅에서 끌려온 자요 여기서도 옥에 갇힐 일은 행하지 아니하였나이다
16 떡 굽는 관원장이 그 해석이 좋은 것을 보고 요셉에게 이르되 나도 꿈에 보니 흰 떡 세 광주리가 내 머리에 있고
17 맨 윗광주리에 바로를 위하여 만든 각종 구운 음식이 있는데 새들이 내 머리의 광주리에서 그것을 먹더라

18 요셉이 대답하여 이르되 그 해석은 이러하니 세 광주리는 사흘이라
19 지금부터 사흘 안에 바로가 당신의 머리를 들고 당신을 나무에 달리니 새들이 당신의 고기를 뜯어 먹으리이다 하더니
20 제삼일은 바로의 생일이라 바로가 그의 모든 신하를 위하여 잔치를 베풀 때에 술 맡은 관원장과 떡 굽는 관원장에게 그의 신하들 중에 머리를 들게 하니라
21 바로의 술 맡은 관원장은 전직을 회복하매 그가 잔을 바로의 손에 받들어 드렸고
22 떡 굽는 관원장은 매달리니 요셉이 그들에게 해석함과 같이 되었으나
23 술 맡은 관원장이 요셉을 기억하지 못하고 그를 잊었더라

잊힌 요셉
08

　최근 몇 년 전부터 "K-컬처"가 인기를 크게 얻게 되면서 연예인들이 외국에 나가는 일이 많아졌습니다. 그럼 자신이 좋아하는 연예인을 보기 위해 수많은 팬들이 공항에 몰리기도 합니다. 통제 자체가 어려운 많은 인파가 모여 공항이 아수라장이 될 때도 있습니다. 스타는 인기를 먹고 사는 사람입니다. 그런데 이런 스타들의 고민이 무엇입니까? 언제나 똑같은 인기를 누릴 수는 없다는 점입니다. 대부분의 연예인들은 시간이 흐름에 따라 점점 잊히고 왕년의 스타가 되고 맙니다. 지금 한참 인기를 얻고 있는 아이돌이나 배우들이 나이가 좀 더 들어 사람들이 그들을 알아보지 못한다면 마음이 어떨 것 같습니까? 사람들은 누구나 다른 사람들로부터 인정받고 기억되기를 원합니다. 사람들로부터 잊힌다는 것은 분명 고통스럽고 힘든 일입니다.

본문의 요셉은 잊히는 고통을 겪게 됩니다. 힘들고 어려운 감옥 생활이었지만 나름대로 인정도 받고 또 당시에 애굽을 움직이던 정치범 두 사람도 섬겼습니다. 특별히 술 맡은 관원장의 꿈을 해석할 때 요셉은 이 사람의 직책이 회복될 것을 알았습니다. 그래서 요셉은 청탁 아닌 청탁을 합니다.

> 당신이 잘 되시거든 나를 생각하고 내게 은혜를 베풀어서 내 사정을 바로에게 아뢰어 이 집에서 나를 건져 주소서 창 40:14

요셉의 꿈 해석대로 떡 굽는 관원장은 바로 왕에 의해 처형당하고 술 맡은 관원장은 전직을 회복하게 됩니다. 그러나 안타깝게도 23절에 보면 술 맡은 관원장은 요셉을 잊어버렸습니다. 단 한 문장으로 그를 "잊었더라"라고 표현되어 있지만 요셉이 겪는 절망감이 얼마나 컸겠습니까? 마지막 남은 유일한 구원의 소망이 사라져 버린 것입니다.

어떻게 술 맡은 관원장이 요셉을 잊어버릴 수 있습니까? 자신을 2년 가까이 수종 들었고 결정적으로 꿈도 해몽해 주었는데 잊어서는 안 되지요. 그러나 그것은 요셉의 생각일 뿐입니다. 사람들은 다른 사람들의 일에 별로 관심이 없습니다. 하루아침에 죄인의 신분에서 다시 회복된 술 맡은 관원장은 감옥의 일은 기억조차 하기 싫었을 것입니다. 그러니 자기가 꾼 꿈이고, 요셉이고 기억할 필요가 없었던 것이죠. 아니 기억하기 싫었던 것입니다. 요셉은 잊히고 말았습니다.

꿈을 향한 믿음의 여정에는 이처럼 더 이상 하나님이 역사하시 않는 것 같은 때가 있습니다. 하나님은 불행 중에도 요셉을 형통케 하사 집주인인 친위대장에게 은혜를 입기도 하고 감옥에 갇혀서도 간수장에게 은혜를 입었습니다. 불행 속에서도 번번이 하나님의 역사를 경험했습니다. 그렇다면 이번에도 제대로 된 신앙의 각본대로라면 형통했어야 합니다. "전직을 회복한 술 맡은 관원장에게 은혜를 입었더라" 이래야 하는데 그렇지 않았습니다. 은혜를 입기는커녕 완전히 잊혔습니다. 이때 요셉의 마음이 어떠했을까요? '아! 이제 하나님도 나를 도우시지 않는구나. 하나님도 나를 잊으셨구나. 아! 나는 이 감옥 속에서 평생을 썩어야 하겠구나.' 이런 생각들이 물 밀듯이 밀려왔을 것입니다.

완전히 잊힌 2년의 세월은 요셉에게는 가장 길고 긴 그리고 힘든 시험의 때였습니다. 하나님도 더 이상 역사하시지 않는 것 같습니다. 그런데 꿈을 향한 믿음의 여정에는 분명히 이런 때가 있습니다. 욥기 23장 8-9절에서 욥은 이와 같이 잊힌 때, 하나님이 더 이상 역사하시지 않는 것 같은 때를 이렇게 묘사하고 있습니다.

> 그런데 내가 앞으로 가도 그가 아니 계시고 뒤로 가도 보이지 아니하며 그가 왼쪽에서 일하시나 내가 만날 수 없고 그가 오른쪽으로 돌이키시나 뵈올 수 없구나 욥 23:8-9

아무리 힘들고 어려워도 하나님의 도우심을 체험할 수만 있다면 그래도 견딜 수 있었을 텐데 그렇지가 않았습니다. 사람에게나 하나님에게나 완전히 잊혀 버린 것 같은 상황인 것입니다. 시편 13편 1절에서 다윗도 이러한 상황에서 다음과 같이 탄식합니다.

> 여호와여 어느 때까지니이까 나를 영원히 잊으시나이

까 주의 얼굴을 나에게서 어느 때까지 숨기시겠나이까

시 13:1

또 시편 77편 9절에도 이런 고백이 있습니다.

하나님이 그가 베푸실 은혜를 잊으셨는가, 노하심으로 그가 베푸실 긍휼을 그치셨는가 하였나이다

시 77:9

죽게 된 오빠 나사로를 살리려고 예수님을 불러오라고 보낸 마리아와 마르다를 우리는 알고 있습니다. 화급을 다투는 그 상황에서 예수님이 이틀을 더 유하시고 지체하시는 상황을 경험해야 했습니다. 이들 자매들에게 예수님이 지체하신 그 이틀은 아마도 20년과도 맞먹을 만한 시간이었을 것입니다. 예수님이 자신들을 잊으셨나, 나사로를 잊으셨나, 온갖 절망적인 생각이 몰려왔을 것입니다. 중세기 교회의 수도사들은 이러한 때를 가리켜 "영혼의 밤"이라고 했습니다. 이 시기는 마치 요트로 항해하는데 더 이상 바다에 바람이 불지 않는 것 같은 때입니다. 하나님이 더 이상 우리를 기억하지 않는 것 같고 도우시지 않는 것 같습니다. 요셉은 이와 같은 가장 힘든 2년의 세월, 영혼의 밤을

통과하고 있습니다.

이러한 시기에 요셉이 할 수 있는 것은 아무것도 없습니다. 상황을 바꿀 수도 역전할 수도 없습니다. 그렇다면 이러한 때는 어떻게 해야 할까요? 높은 산을 오르다 보면 중간 지점 정도에서 나무가 울창하게 우거진 숲을 통과해야 할 때가 있습니다. 숲이 우거지면 우거질수록 길도 좁고 태양 빛도 비치지 않아 어둑어둑한 그림자 속을 걸어가야만 합니다. 이전까지는 앞이라도 제대로 보였는데 앞도 제대로 볼 수 없는 상황이 옵니다. 이런 때 여러분이라면 어떻게 하겠습니까? 다른 방법이 없지 않습니까? "Keep Going" 묵묵히 계속해서 산을 오르는 수밖에 없습니다. 오르다 보면 끝이 있습니다. 오르다 보면 탁 트인 전경이 나타나게 되는 것입니다.

2년 동안 요셉에게 주어진 영혼의 밤은 가장 길고 지루한 시간이었을 겁니다. 요셉은 실망도 했겠지만 늘 하던 대로 성실하게 감옥의 업무들을 잘 관리하고 섬기며 계속하여 믿음의 산을 올라갔습니다.

베트남 전쟁 때 월맹군에게 포로가 된 미군 병사들이 있었습니다. 열악하고 고통스러운 환경 속에 희망을 버리고 한 사람, 두 사람 죽어갔습니다. 그러던 중 누군가가 이런 말을 합니다. "

이번 크리스마스까지는 우리가 석방될 거야. 그때까지만 참고 인내하자." 지푸라기라도 잡는 심정의 병사들은 이 희망의 메시지를 꼭 붙들었습니다. "이번 크리스마스까지는 꼭 견뎌 내야지!" 덕분에 많은 병사들이 희망 속에 크리스마스를 맞이하였습니다. 그러나 크리스마스가 끝나고 그해가 갈 때까지도 그들이 석방될 기미가 보이지 않았습니다. 희망이 사라졌습니다. 완전히 잊혔다는 절망감이 미군 포로들을 덮치게 되자 크리스마스 이후에 갑자기 한꺼번에 많은 미군 포로들이 죽어갔습니다. 특별한 질병이나 환경의 변화가 있었던 것도 아닌데 사망률이 갑자기 급증했던 것이죠. 이유가 무엇일까요? "크리스마스 때"라는 희망이 사라졌기 때문입니다. 이들을 죽음으로 몰아넣는 질병은 바로 절망이었습니다.

아마 요셉도 2년 동안 절망감과 치열하게 싸워야만 했을 것입니다. 꿈의 여정에는 이와 같은 치열한 절망과 희망의 싸움의 때가 있습니다. 다윗의 시편을 보면 사울왕에게 쫓겨 다녔던 그 십여 년의 세월 동안 희망만을 노래하지 않았습니다. 절망감 속에 무너져 내리는 자기 영혼을 향하여 다윗은 이런 고백을 합니다.

내 영혼아 네가 어찌하여 낙심하며 어찌하여 내 속

> 에서 불안해 하는가 너는 하나님께 소망을 두라 그
> 가 나타나 도우심으로 말미암아 내가 여전히 찬송하
> 리로다 시 42:5

절망과 희망의 치열한 싸움의 흔적을 다윗의 시편에서 발견할 수 있습니다. 지금 이런 싸움 가운데 있는 분들이 있을 것입니다. 희망을 포기하지 않고 다윗처럼 노래할 수 있기를 바랍니다.

영혼의 밤을 지날 때 우리가 기억해야 할 것이 있습니다. 우리의 아버지 되시는 하나님은 결코 한순간도 우리를 잊어버리지 않는다는 것입니다.

> 여호와께서 그를 황무지에서, 짐승이 부르짖는 광야
> 에서 만나시고 호위하시며 보호하시며 자기의 눈동자
> 같이 지키셨도다 신 32:10

하나님이 우리를 눈동자처럼 지키신다고 합니다. 여러분 눈동자를 우리가 어떻게 지킵니까? 손가락이라도 찔러 넣으려고 하면 얼마나 빨리 눈을 질끈 감습니까? 눈 깜짝할 새에 눈을 감지요. 하나님이 이와 같이 한순간도 우리를 잊지 않으신다고 합니다. 하나님께서 친히 이렇게 말씀하십니다.

> 여인이 어찌 그 젖 먹는 자식을 잊겠으며 자기 태에서
> 난 아들을 긍휼히 여기지 않겠느냐 그들은 혹시 잊을
> 지라도 나는 너를 잊지 아니할 것이라 사 49:15

여러분 자식을 팽개치고 잊어버리는 부모가 있습니까? 타지역에 있는 자녀를 오랫동안 못 본다고 해서 이제는 기억도 안 나거나, 바빠서 자식이고 뭐고 관심도 없고 그렇지 않습니다. 설령 부모는 자식을 잊어버린다고 하더라도 하나님은 우리를 잊지 않을 것이라고 하지 않습니까?

요셉은 하나님에게나 사람에게 완전히 잊힌 것 같지만 그렇지 않습니다. 사람들은 잊었을지 몰라도 하나님은 한순간도 잊지 않으셨습니다. 눈동자처럼 요셉을 지키시고 보호하고 계셨던 것입니다. 자기 아이들이 학예발표회라도 하면 부모들의 눈이 어떻게 작동하던가요? 무대 위의 수십 명의 아이들 중에서도 유독 자기 아이들에게 부모의 눈이 자연스럽게 집중되지 않습니까? 하나님의 눈도 우리를 그렇게 주목하고 계십니다. 깊은 절망의 시간, 모두가 다 자신을 잊어버린 듯한 그 순간에도 주님은 요셉을 주목하고 계셨고, 기억하고 계셨고, 부지런히 역사하고 계셨습니다.

하나님의 때가 차게 되자 만 이 년 뒤에 하나님이 바로에게 꿈을 꾸게 하십니다. 하나님의 역사가 본격적으로 시작된 것이죠.

하나님이 조금도 일하시지 않고 잊고 계시는 줄 알았는데 갑자기 맹렬하게 하나님이 일하기 시작하신 것입니다. 하나님의 역사는 리듬을 알아야 합니다. 계속해서 빠른 리듬의 힙합이나 댄스곡이 아닙니다. 하나님의 스텝은 지루박 스텝입니다. 슬로우 슬로우 멈추고, 퀵퀵 퀵퀵 멈추고, 슬로우 슬로우입니다. 그러므로 하나님과 호흡을 맞추어 춤추시려면 하나님의 리듬을 익혀야 합니다.

사랑하는 여러분, 감사한 것은 꿈을 향한 믿음의 여정에서 선배들의 경험담과 훈련 교본이 주어져있다는 사실입니다. 바로 성경이지요. 그래서 하나님이 더 이상 역사하시지 않는 것 같고, 잊힌 것 같은 상황에서도 당황해서는 안됩니다. 성경이라는 훈련 교본을 잘 읽고 교훈을 받아 믿음으로 기다릴 줄 알아야 합니다. 믿음의 정상에 올랐던 믿음의 선배 욥은 완전히 잊힌 것 같은 상황에서도 상황을 뛰어넘어 담대히 이런 믿음의 고백을 하였습니다.

> 그러나 내가 가는 길을 그가 아시나니 그가 나를 단련
> 하신 후에는 내가 순금 같이 되어 나오리라 욥 23:10

이 고백이 저와 여러분의 고백이 될 수 있기를 바랍니다. 언젠

가 우리 모두 믿음의 정상에 서서 우리가 통과해야만 했던 그 영혼의 밤을 회고할 때가 올 것입니다. 아마도 그때 완전히 잊힌 것 같은 그 영혼의 밤이야말로 우리 믿음의 여정에서 가장 멋진 추억의 시기가 될 것입니다. 그리고 그 시기를 믿음으로 잘 통과한 여러분 자신이 한없이 자랑스러워질 것입니다.

창세기 41장 25-36절

25 요셉이 바로에게 아뢰되 바로의 꿈은 하나라 하나님이 그가 하실 일을 바로에게 보이심이니이다
26 일곱 좋은 암소는 일곱 해요 일곱 좋은 이삭도 일곱 해니 그 꿈은 하나라
27 그 후에 올라온 파리하고 흉한 일곱 소는 칠 년이요 동풍에 말라 속이 빈 일곱 이삭도 일곱 해 흉년이니
28 내가 바로에게 이르기를 하나님이 그가 하실 일을 바로에게 보이신다 함이 이것이라
29 온 애굽 땅에 일곱 해 큰 풍년이 있겠고
30 후에 일곱 해 흉년이 들므로 애굽 땅에 있던 풍년을 다 잊어버리게 되고 이 땅이 그 기근으로 망하리니
31 후에 든 그 흉년이 너무 심하므로 이전 풍년을 이 땅에서 기억하지 못하게 되리이다

32 바로께서 꿈을 두 번 겹쳐 꾸신 것은 하나님이 이 일을 정하셨음이라 하나님이 속히 행하시리니
33 이제 바로께서는 명철하고 지혜 있는 사람을 택하여 애굽 땅을 다스리게 하시고
34 바로께서는 또 이같이 행하사 나라 안에 감독관들을 두어 그 일곱 해 풍년에 애굽 땅의 오분의 일을 거두되
35 그들로 장차 올 풍년의 모든 곡물을 거두고 그 곡물을 바로의 손에 돌려 양식을 위하여 각 성읍에 쌓아 두게 하소서
36 이와 같이 그 곡물을 이 땅에 저장하여 애굽 땅에 임할 일곱 해 흉년에 대비하시면 땅이 이 흉년으로 말미암아 망하지 아니하리이다

하나님이 하실 일에 대한 꿈 해석
09

요셉의 형들은 "꿈꾸는 자가 오는도다"라며 요셉을 조롱했습니다. 요셉이 꾼 꿈은 하늘에 계신 농부의 꿈입니다. 세상의 밭에 씨를 뿌려 많은 열매를 추수하여 곳간에 들이고자 하는 하나님의 마음이 담겨 있습니다. 농부 하나님의 안식처에서 자식들과 함께 잘 먹고 잘 사는 꿈이라고 할 수 있습니다. 요셉은 이 꿈 때문에 야곱 족속 형들에 의해 죽을 뻔합니다. 노예로 팔렸다가 감옥에 갇히기까지 했습니다.

하나님의 상속자들이 아버지의 꿈을 꿀 때 거짓 아비의 참소를 당할 때가 있습니다. 요셉은 17살에 노예로 팔려 가 30살에 예수 그리스도의 장성한 분량까지 자라 애굽의 총리가 됩니다. 전능하신 하나님이 지극히 낮은 자리에서 지극히 높여 온 세상 치리자로 삼았습니다. 농부 하나님이 깨우쳐 주신 대로 경제 정책을 수립하여 많은 열매를 추수하게 했습니다. 바로가 꾼 칠 년 풍년과 칠 년 흉년에 대한 하나님의 꿈을 따라 경제 정책을 수립했기 때문입니다. 바로가 꾼 두 가지의 꿈은 둘이 아니라 하나입니다. 창세기 37장 이후 요셉과 관련 있는 여섯 가지 꿈도 다 하나의 꿈입니다. 하늘에 계신 농부의 꿈입니다. 전능하신 하나님이 꿈으로 말씀하신 대로 반드시 일어날 일입니다. 언제나 많은 생명을 보존하고 구원하기 위해 은혜로 택함 받은 남은 자들, 하나님의 꿈을 꾸는 자들이 있습니다. 엘리야의 때 이 세상 번영신에게 무릎 꿇지 않은 칠천 명이 그러한 성도들입니다. 이 시대 하나님을 믿는 성도들이 "하나님의 꿈"을 꾸는 남은 자들이 되기를 바랍니다.

이 세상은 바로가 꾼 꿈 대로 칠 년 풍년과 칠 년 흉년이 계속 교차하다가 마지막 대추수의 가을 절기를 맞게 될 것입니다. 마지막 칠 년 흉년은 먹고 살기 위해 바로 왕, 즉 자칭 태양신에게 엎드려 절해야만 살 수 있는 때입니다. 약 1,200년 후 바벨론에 포로로 잡혀간 다니엘이 느부갓네살 황제의 꿈을 해석했습니다. 그가 꾼 꿈도 결국 하늘에 계신 농부가 이 세상의 밭에서 마지막 대추수 때 어떻게 열매들을 추수할 것인지를 계시하신 꿈입니다. 이 꿈을 요한계시록 12-19장은 더 구체적으로 보여줍니다. 죄와 사망이 없는 안식처, 즉 하나님의 나라는 그 나라의 열매를 맺는 백성이 들어갑니다. 그래서 이 땅에 살 때 부활의 첫 열매 되신 주님을 계속해서 닮아가야 합니다. 말씀과 성령으로 충만하여 주님과 같이 복음을 전합시다. 복음의 씨앗을 울며 뿌리러 나가는 지혜로운 일꾼이 되어 기쁨으로 곡식단을 가지고 돌아옵시다.

하늘에 계신 농부께서 이 세상의 임금 바로에게 꾸게 하신 두 악몽을 살펴보면 장차 어떤 일이 일어날지 알 수 있습니다. 미리 알 수 있기에 미리 대비할 수 있습니다.

첫 번째 바로의 악몽은 소가 등장합니다. 나일 강가에서 자란 좋은 꼴을 먹고 자란 살지고 아름다운 일곱 암소를 후에 올라온 흉하고 파리한 일곱 암소가 먹어 버립니다.

두 번째 꿈은 이삭이 등장합니다. 무성하고 충실한 일곱 이삭이 나오고 그 후에 가늘고 동풍에 마른 일곱 이삭이 나옵니다. 후에 나온 동풍에 마른 일곱 이삭이 충실한 일곱 이삭을 다 삼켜 버렸습니다. 장차 있을 칠 년 흉년이 칠 년 풍년의 열매들을 다 삼켜버릴 것에 대한 계시적 꿈입니다.

하나님은 이 세상 나라들에 대한 통치 계획을 꿈으로 알려주신 것입니다. 이 꿈대로 대추수를 위해 세상의 밭이 타작마당 같이 되는 심판이 있을 것입니다. 약 1,800년 후 하나님은 사도 요한을 통해 요한계시록 18장에서 이 꿈의 성취를 실감나게 잘 보여주십니다. 성경은 여러 부분, 여러 모양으로 부활의 처음 익은 열매 예수 그리스도 안에서 세상 역사가 전개되고 있음을 계시하고 있습니다. 농부는 레위기 23장 여호와의 일곱 절기의 시간표대로 세상의 밭에서 쉬지 않고 농사를 짓고 계십니다.

요셉은 하늘에 계신 농부가 이 세상의 밭에서 열매를 추수하는 것에 관한 바로의 꿈을 성령으로 깨닫고 해석해 줍니다. 추수 때 사람들을 꼬리가 아홉 개 달린 구미호처럼 이 세상의 헛된 꿈으로 호리는 거짓 선지자들의 미혹을 조심하라고 했습니다. 충실한 알곡 열매인 줄 알았는데 추수 때 보니 동풍에 말라버린 속이 빈 쭉정이로 드러나면 큰 일이지 않겠습니까? 전능하신 주님의 말씀대로 순종하는 성도들이 좋은 열매로 추수될 성도들입니다. 그렇다면 많은 열매가 맺힌 충실한 이삭을 속이 빈 마른 쭉정이로 변질시키는 동풍은 무엇을 의미할까요? 성경은 항상 예루살렘 성전의 보좌를 세상 중앙, 땅의 중심으로 봅니다. 가장 높은 하늘에 있는 예루살렘의 보좌에 계신 만왕의 왕의 영광이 땅에 임재하는 곳이기 때문입니다. 그러므로 알곡 열매들에 대한 추수가 다 끝날 때까지 세상 중앙, 즉 예루살렘 성전의 보좌를 중심으로 이 세상 역사가 전개됩니다. 즉 동풍은 예루살렘 성전의 동편에서 불어오는 바람을 말합니다. 세상 중앙을 기준으로 보면 동편의 큰 성 바벨론은 악하고 음란한 이 세상의 풍조들을 말합니다. 이 찬송을 아실 것입니다

> 세상 풍조는 나날이 변하여도 나는 내 믿음 지키리니
> 인생살다가 죽음이 꿈같으나 오직 내 꿈은 참되리라
> 나의 놀라운 꿈 정녕 나 믿기는 장차 큰 은혜 받을 표
> 니 나의 놀라운 꿈 정녕 이루어져 주님 얼굴을 뵈오리
> 라 세상 풍조는 나날이 변하여도(찬 490장)

나날이 변해가는 세상 풍조들이 바로 충실한 열매로 익어가는 성도들을 타락, 변질시키는 동풍입니다. 또한 살찌고 아름다운 일곱 암소를 삼킨 흉하고 파리한 일곱 암소는 무엇을 의미할까요? 아모스 선지자는 하늘에 계신 목자가 기르는 일곱 암소가 비쩍 마르고 흉해지는 이유를 이렇게 예언했습니다.

> 주 여호와의 말씀이니라 보라 날이 이를지라 내가 기근을 땅에 보내리니 양식이 없어 주림이 아니며 물이 없어 갈함이 아니요 여호와의 말씀을 듣지 못한 기갈이라 암 8:11

가을 추수 절기 때 합당한 영혼의 양식과 생수를 먹고 마시지 못해 일곱 암소가 비쩍 마르고 흉해지는 것입니다. 칠 년 흉년은 양식이 없어 주림이 아니며 물이 없어 갈함이 아닙니다. 영생의 말씀을 먹지 못해서 일어나는 큰 흉년입니다.

그러므로 지혜로운 하나님의 상속자들은 말씀대로 성취될 "하늘에 계신 농부의 꿈"을 품고 준비해야 합니다.

> 그러므로 모든 육체는 풀과 같고 그 모든 영광은 풀의 꽃과 같으니 풀은 마르고 꽃은 떨어지되 오직 주의 말씀은 세세토록 있도다 하였으니 너희에게 전한 복음이 곧 이 말씀이니라 벧전 1:24-25

오직 예수 그리스도의 복음의 말씀만이 하늘의 꿈 대로 온전히 성취될 것입니다. 요엘 선지자는 거룩한 씨 메시아가 이 땅에 약속대로 오시기 수백 년 전에 하늘에 계신 농부의 약속을 알려줍니다.

> 그 후에 내가 내 영을 만민에게 부어 주리니 너희 자녀들이 장래 일을 말할 것이며 너희 늙은이는 꿈을 꾸며 너희 젊은이는 이상을 볼 것이며 욜 2:28

일곱 농사 절기의 때를 따라 비와 같이 성령이 부어지면 자녀들은 장래에 일어날 일을 말할 것이라고 합니다. 늙은이들은 하늘에 계신 농부의 추수하는 꿈을 꿀 것이라는 말입니다. 젊은 이들은 이상. 즉 비전을 볼 것이라고 합니다. 마지막 대추수의 비전을 볼 것이라는 말입니다. 추수 때가 되면 비와 같이 성령이 부어져 자녀들, 청년들, 어른들 3세대가 다 하나님의 꿈을 꿀 것입니다. 2,000년 전 이방인 추수를 위해 오순절 이른 비 성령이 예루살렘 120명의 제자에게 부어졌지요. 하나님의 소유로 드려진 처음 익은 열매들은 성령의 불세례를 받은 후 추수의 꿈을 위해 끝까지 충성했습니다. 사도행전의 오순절에 이른 비 성령이 부어진 이후 가을 절기 추수 때까지 여름 이방인 추수를 위한 적당한 성령의 비가 계속 부어지고 있습니다. 이제 가을 추수 절기를 준비하도록 성령의 권능이 온 세상의 밭에 임하게 될 것입니다. 이 늦은 비 성령의 권능을 받아 농부의 꿈을 돕는 충성된 일꾼들이 많이 일어나기를 기도합니다.

자녀들의 예언도, 청년들의 이상도, 노인들의 꿈도 다 하늘에 계신 농부가 장차 행하실 하나의 꿈을 계시합니다. 자녀들, 청년들, 어른들의 세대 차이가 그 어느 때보다 커지고 있습니다. 한 가정 안에 3세대가 살지만 사실상 남남입니다. 각자 다른 꿈을 꾸기 때문입니다. 3세대를 하나로 묶을 수 있는 길은 없을까요? 한 성령 안에서 한 꿈을 꾸는 것입니다. 바로 하늘에 계신 농부의 꿈입니다. 이 세상의 밭에서 많은 열매를 추수하여 곳간에 들이고, 자식들과 세세토록 잘 먹고 잘 사는 꿈입니다. 풀의 꽃같이 시들어 버릴 이 세상의 꿈이 아닌 하나님의 꿈을 꾸는 이 시대의 요셉이 되시길 축복합니다.

창세기　41장 37-43절

37　바로와 그의 모든 신하가 이 일을 좋게 여긴지라
38　바로가 그의 신하들에게 이르되 이와 같이 하나님의 영에 감동된 사람을 우리가 어찌 찾을 수 있으리요 하고
39　요셉에게 이르되 하나님이 이 모든 것을 네게 보이셨으니 너와 같이 명철하고 지혜 있는 자가 없도다
40　너는 내 집을 다스리라 내 백성이 다 네 명령에 복종하리니 내가 너보다 높은 것은 내 왕좌뿐이니라

41 바로가 또 요셉에게 이르되 내가 너를 애굽 온 땅의 총리가 되게 하노라 하고
42 자기의 인장 반지를 빼어 요셉의 손에 끼우고 그에게 세마포 옷을 입히고 금 사슬을 목에 걸고
43 자기에게 있는 버금 수레에 그를 태우매 무리가 그의 앞에서 소리 지르기를 엎드리라 하더라 바로가 그에게 애굽 전국을 총리로 다스리게 하였더라

높이시는 하나님
10

"SBS의 그것이 알고싶다"에서 갑자기 로또 당첨이나 토지 보상 등으로 벼락부자가 된 사람들의 그 이후의 삶에 대하여 방영을 한 적이 있습니다. 엄청난 횡재를 한 사람들이니 분명 팔자가 피고 행복할 것 같은데 그렇지만도 않다는 것입니다. 오히려 그 엄청난 재산 때문에 더 비극적인 일들에 휘말리고 불행해지는 경우들이 훨씬 더 많았다고 합니다.

마흔두 살의 김명자 씨(가명) 부부는 43억 원의 로또에 당첨

된 적이 있습니다. 남편은 택시 운전을 자신은 파출부 일을 하며 어렵게 살아가던 부부에게 로또 당첨은 인생 역전의 기회였습니다. 하지만 친하게 지내던 사람들이 돈 앞에서 돌변하여 인생에 회의를 느꼈으며 아들은 돈으로 대학에 들어갔다는 소문과 함께 별명이 "로또"가 되어 괴로워했습니다.

한기수 씨(가명) 부부도 형편은 넉넉지 않았지만 금슬은 좋았습니다. 하지만 로또 170억에 당첨된 후 부인은 남편이 일을 그만두고 노는 데 정신이 팔린 것이 못마땅했고, 남편은 친정 식구들에게만 돈을 쓰는 아내를 보며 화를 내다가 심하게 다투기도 했습니다. 결국 이 부부는 9개월 만에 합의 이혼했고, 그 뒤로도 소송을 거치며 서로에게 심각한 상처를 남겼습니다.

토지 보상으로 100억이 넘는 큰돈이 생긴 양만철 씨(가명) 가족도 마찬가지입니다. 꿈에서조차 상상할 수 없었던 큰돈이 생겼지만, 양 씨는 토지 보상 문제로 마을 사람들 간에 고성이 오가고, 정든 집이 없어지고 조상의 묘까지 이장을 하게 되자 집안에 근심이 쌓였다며 토로했습니다. 그로 인해 우울해하시던 아버지는 끝내 스스로 목숨을 끊었고, 큰돈으로 인해 오히려 자신의 삶이 엉망진창이 됐다고 하소연을 했습니다.

만약 여러분에게 하나님이 엄청난 돈을 주시거나 상상할 수 없을 정도로 높은 지위에 올려주시면 어떨 것 같습니까? 꿈에도 그리는 큰 복을 받은 것 아닙니까? 고생 끝, 행복 시작이 될 것 같습니까? 아마도 감당 못할 성도들이 많을 것입니다. 준비되지 않은 축복은 저주일 수 있습니다. 축복을 잘 관리하는 것은 생각보다 어렵습니다. 그보다 더 어려운 것은 높은 지위와 막강한 권력을 유지하고 탁월하게 관리하는 것입니다. 축복 속에는 늘 독성이 포함되어 있다는 것을 알아야 합니다. 그래서 축복은 독을 간직한 복어를 다루듯이 잘 다루어야 합니다.

꿈의 여정으로 나아가는 성도들이 하나님의 훈련을 잘 감당하고 계속 순종의 삶을 살아가면 하나님이 높이시는 때가 옵니다. 하나님은 낮추게도 하시고 높이기도 하십니다. 베드로 사도는 겸손하게 행하면 하나님의 때에 높이실 때가 온다고 하나님의 능하신 손 아래서 겸손하라고 했습니다. 요셉의 인생역전이 이 말씀이 진리라는 것을 드러냅니다. 베드로전서 5장 5절에 보면 하나님이 교만한 자를 대적하시고 겸손한 자에게는 은혜를 베푸신다고 했습니다. 힘든 시험과 훈련도 성실하게 잘 감당했던 요셉을 하나님이 높이신 데는 분명 이유가 있습니다. 빌립보서 2장에서도 예수님이 자기를 겸손하게 낮추시고 죽기까지 복종하신 결과로 하나님이 그를 지극히 높여 모든 이름 위에 뛰어나게 하셨다고 합니다. 예수님의 겸손과 순종의 결과입니다. 하나님이 설정하신 진리의 법칙대로 되는 것이죠.

빨리 리더가 되고 높은 사람이 되기 전에 배워야 할 것이 있습니다. 자신을 낮추어 섬기고 복종하는 훈련입니다. 만약 요셉이 그동안의 시련과 역경을 통한 훈련이 없이 17세의 철없고 미숙한 모습으로 이 권좌에 올랐다면 분명히 문제가 많이 생겼을 것입니다. 그 결과 자기만 불행해지는 것이 아니라 다른 사람들도 불행하게 만들게 됩니다.

요셉이 겸손하고 성실한 매력적인 인격을 가졌던 것을 어떻게 알 수 있습니까? 바로 창세기 41장 38-39절에 나타납니다.

> 바로가 그의 신하들에게 이르되 이와 같이 하나님의 영에 감동된 사람을 우리가 어찌 찾을 수 있으리요 하고 요셉에게 이르되 하나님이 이 모든 것을 네게 보이셨으니 너와 같이 명철하고 지혜 있는 자가 없도다
> 창 41:38-39

바로와 그의 모든 신하들이 요셉이 행동하고 처신하는 것을 보고 겸손하고 성실할 뿐 아니라 참으로 신령한 지혜가 넘친다는 것을 모두가 알아차렸습니다. 37절에 보면 모두가 노예 출신의 죄수 요셉에 대해서 호감을 가지고 있는 것을 알 수 있습니다. 이것은 기적이 아닐 수 없습니다. 하나님이 하신 일이지요. 흥

미 있는 사실은 요셉 이전의 믿음의 조상들인 아브라함이나 이삭 심지어 야곱의 경우도 하나님이 그들과 함께하시고 은혜 베푸시는 것을 그들 주위의 다른 사람들이 알아차렸다는 사실입니다.

하나님의 백성들이 아름다운 신앙과 인격을 가지고 하나님이 기뻐하는 삶을 살게 되면 사람들이 알아차리게 됩니다. "저 사람은 정말 하나님의 사람이야, 하나님이 복 주시는 사람이야, 하나님이 밀어주는 사람이야."라고 알게 되는 것이죠. 이것이 정상입니다. 여러분, 살아계신 하나님과 동행한다는 사실을 어떻게 사람들이 모를 수가 있겠습니까? 요셉이 친위대장 보디발의 집에 있을 때도 하나님이 함께하시고 복 주시는 것을 사람들이 알아챘습니다.

요셉을 향한 바로 왕의 평가가 독특합니다. "하나님의 영에 감동된 사람을 우리가 어찌 찾을 수 있으리요" 신약의 표현으로는 성령 충만한 삶을 사는 사람임을 바로 왕이 알았습니다. 요셉의 지혜와 능력의 비밀이 하나님께 있었음을 알아차린 것이죠. 요셉을 향한 바로 왕의 평가에서 우리가 발견하게 되는 것이 있습니다. 요셉을 형통케 하시고, 도우시고, 은혜를 공급하시는 분이 다름 아닌 성령 하나님이라는 것입니다. 요셉의 성공과 형통의 비밀은 바로 성령 충만이었습니다.

요셉이 그동안 보혜사 성령의 도우심을 받으며 살아왔다는 것을 알 수 있습니다. 에베소서 5장 18절에 보면 이런 말씀이 있습니다.

> 술 취하지 말라 이는 방탕한 것이니 오직 성령으로 충만함을 받으라 엡 5:18

요셉은 언제 어디서나 성령 충만한 삶을 위하여 훈련 되었기 때문에 형통했습니다. 하영인, 즉 "하나님의 영으로 인도함을 받는 삶"을 살았던 것입니다.

성도님들을 상담하며 가장 힘든 순간은 상담을 여러 번 해도 순종하지 않을 때입니다. 하나님 말씀으로 권면을 하고 방향을 잡아드리면 그 말씀에 잘 순종하면 좋겠는데 그렇지 않는거죠, 앞에서는 "예"하고 대답하지만 돌아서면 너무 쉽게 기분 내키는 대로 마음대로 행동하는 것입니다. 몇 번 그러고 나면 상담하거나 기도조차 하기 싫어집니다. 이유가 무엇일까요? 밑 빠진 독에 물 붓기가 됩니다. 신앙은 마술이 아니라고 했습니다. 순종이 모여 하나님 보시기에 걸작인생이 되는 것입니다. 순종은 제쳐두고 자기 원하는 것만 취하려고 하니 어려운 것입니다. 티끌 같은 작은 순종이라도 그것이 모아져서 태산 같은 하나님의 역사를 이

룬다는 것을 기억해야 합니다. 순종 없이 성령 충만은 없습니다. 순종 없이는 형통도 없습니다. 요셉의 성령 충만의 비결은 순종의 삶에 있었습니다.

하나님이 요셉을 이토록 높여 주신 것은 일종의 하나님의 상급이라고 할 수 있습니다. 힘든 훈련의 과정을 잘 통과했다고 하나님께 상을 받았습니다. 성도에게는 크게 두 가지 상이 있습니다. 하나는 이 세상에서 받는 상입니다.

> … 나와 복음을 위하여 집이나 형제나 자매나 어머니나 아버지나 자식이나 전토를 버린 자는 현세에 있어 집과 형제와 자매와 어머니와 자식과 전토를 백 배나 받되 …
>
> 막 10:29-30

분명히 이 땅에서 하나님을 잘 섬기고 충성하면 현세에서도 상이 있습니다. 우리 교회 안에서도 주님께 충성한 많은 성도님들이 하나님의 은혜와 도우심과 상주심을 현재의 삶에서 경험하고 있습니다. 하나님이 주시는 현실의 축복입니다. 주의 나라와 주의 의를 구하는 자에게 더하여 주십니다.

땅의 상만이 다가 아닙니다. 궁극적으로 영원한 천국에서 받게 되는 썩지 않는 상이 있습니다. 이 상이야말로 진짜 상이요 영원한 가치를 지닌 상입니다. 야고보서 1장 12절에 보면 이런 말씀이 있습니다.

> 시험을 참는 자는 복이 있나니 이는 시련을 견디어 낸 자가 주께서 자기를 사랑하는 자들에게 약속하신 생명의 면류관을 얻을 것이기 때문이라 약 1:12

저 영원한 나라에서 받게 될 면류관, 천국의 상이 있습니다. 바로 왕은 일종의 옥쇄와 같은 인장 반지를 요셉의 손에 끼워줬습니다. 왕족들이 입는 빛나는 세마포 옷을 입히고 금사슬을 목에 걸게 하고는 버금 수레에 태워 행진하게 합니다. 그리고 요셉이 탄 수레가 지나갈 때마다 모든 백성들이 엎드려 절하게 했습니다. 이것은 바로 왕을 통하여 요셉을 높이시고 상주시는 하나님의 은혜의 역사입니다. 또한 이러한 모습은 장차 저 영원한 나라에서 만왕의 왕 되시는 예수 그리스도와 함께 왕 노릇하게 될 우리들의 모습에 대한 그림자이기도 합니다.

때로는 우리가 이 땅에서 현세적인 상을 다 받아 누리지 못할 수도 있습니다. 그러나 주를 위하여 한결같이 충성하고 헌신한 신실한 모든 종들에게는 하늘의 상이 있습니다. 그래서 마태복음 5장 예수님의 산상수훈에서는 예수님 때문에 핍박과 고난 당할 때에 기뻐하고 즐거워하라고 합니다. 하늘의 상이 클 것이기 때문입니다. 비록 이 땅의 상급이 아니라 할지라도 믿음으로 저 영원한 천국의 상을 바라봐야 합니다. 요셉은 그러한 영원한 천국에서 누리게 될 우리의 상급의 표상입니다.

하나님이 높여 주신 사람은 자기 힘으로 높아진 것이 아님을 잘 압니다. 그래서 교만하지 않고 권력에 취하거나 중독되지 않습니다. 연단 받고 훈련을 많이 받은 사람일수록 높아져도 겸손을 지킬 수 있습니다. 높아졌을 때 겸손을 얼마나 잘 지키는 가? 이것이 훈련의 결과요 훈련의 힘입니다. 김연아 선수의 트리플 악셀이라는 묘기가 정말 하기 힘든 기술이라고 합니다. 지독한 훈련을 통해 그 기술을 해내는 것이죠. 마찬가지로 높은 자리에서도 겸손할 수 있는 것이 힘든 고난도의 기술입니다. 하지만 훈련을 잘 받은 성도라면 충분히 감당할 수 있는 기술이죠.

사람들은 대부분 스스로 높아지려고 안간힘을 씁니다. 그러나 진정한 형통과 성공은 내가 높아지려고 발버둥을 치는 것이 아니라 하나님이 높여주시는 거예요. 주도권이 나에게 있는 것이 아니라 하나님께 있는 것입니다. 하나님이 주도하시고 나는 따라가는 것을 잊어서는 안됩니다.

예수님이 죽기까지 자기를 낮추시고 충성하심으로 하나님이 그를 지극히 높여 만왕의 왕을 삼으셨습니다. 요셉도 한결같이 힘들고 어려운 환경에서도 겸손하게 순종하며 하나님을 섬겼습니다. 그러자 하나님이 하나님의 꿈을 위하여 요셉을 애굽의 총리로 세우신 것입니다. 모든 성도님들이 하나님이 높여주시는 인생이 되시기를 축원합니다. 우리 믿음의 후배들이 정말 본을 받고 따라올 만한 아름다운 믿음의 사람이 되시기를 축원합니다.

창세기 41장 50-52절

50 흉년이 들기 전에 요셉에게 두 아들이 나되 곧 온의 제사장 보디베라의 딸 아스낫이 그에게서 낳은지라
51 요셉이 그의 장남의 이름을 므낫세라 하였으니 하나님이 내게 내 모든 고난과 내 아버지의 온 집 일을 잊어버리게 하셨다 함이요

52 차남의 이름을 에브라임이라 하였으니 하나님이 나를 내가 수고한 땅에서 번성하게 하셨다 함이었더라

하나님의 위로
11

　우리나라 사람들은 특별히 이름을 중요하게 생각합니다. 이름대로 운명이 결정된다고 해서 좋은 이름을 갖기 위해 유명한 작명가에게 돈을 많이 주고 이름을 짓는 분도 있습니다. "세상에 이런 일이"라는 TV 프로그램을 본 적이 있습니다. 거기에 이런 이름을 가진 분이 나오더군요. 이름이 "안전"입니다. 이분의 직업이 무엇일까요? 버스 운전기사입니다. 이름대로 20년 넘게 무사고 안전 운행을 했답니다. "박양념"이라는 이름을 가진 분도 나왔습니다. 이분 직업이 영양사였습니다. 이름하고 직업이 너무 잘 맞지요. 아무튼 이름은 평생을 불러야 할 호칭이기에 잘 지어야 하는 것은 분명한 것 같습니다.

요셉이 바로 왕에게 해몽하여 준 대로 칠 년 풍년이 이어지고 있습니다. 우리식으로 말하면 경제 호황으로 경기가 들썩들썩하는 것입니다. 사람이 먹고 살 만해지고 여유가 생기면 마음이 넉넉해집니다. 이런 풍요의 때에 요셉은 두 아들을 낳게 됩니다. 첫째 아들은 이름을 "므낫세", 둘째 아들은 "에브라임"으로 이름을 지었습니다.

히브리 사람들도 이름을 중요하게 생각합니다. 아무 이름이나 짓는 것이 아니라 이름에 하나님을 향한 신앙 고백이나 자녀를 향한 소원을 표현하는 이름을 많이 짓습니다. 예를 들어 자식이 없었던 한나는 간절히 기도하여 아들을 얻습니다. 그리고 그 아들의 이름을 사무엘이라고 짓습니다. 사무엘이라는 이름의 뜻은 "하나님이 내 기도를 들으셨다." 입니다. 아마도 한나는 아들 사무엘의 이름을 부를 때마다 자신의 기도를 들어주신 하나님께 감사의 마음이 들었을 것입니다. 모세의 이름에는 "들어 올리다. 구하다."라는 뜻이 있습니다. 어떤 의미에서 그가 이스라엘 백성을 바로 왕의 압제에서 구원할 것이라는 예언적 의미가 숨어있는 것이죠.

하나님은 이름을 바꾸기도 합니다. 아브람을 아브라함으로 야곱을 이스라엘로, 사울을 바울로 이름을 바꾼 것을 잘 아실 것입니다. 이것은 새로운 정체성을 가지고 새 출발을 하겠다는 의미가 있습니다. 하나님께서 이름을 친히 정해주시기도 하지요. 세례 요한의 이름은 하나님이 지어주신 것입니다. 예수님의 이름도 하나님이 미리 정하셨죠.

오늘 본문에 나타나는 요셉이 두 아들의 이름을 짓는 이야기 속에는 아주 귀한 영적 교훈이 숨어 있습니다. 이제 그 교훈에 대하여 살펴보도록 합시다. 먼저 첫째 아들인 "므낫세"라는 이름에 대하여 생각해 봅시다.

므낫세는 "잊어버림, 망각"이라는 뜻입니다. 요셉은 애굽의 총리가 되고 풍년의 기간을 보내면서 하나님의 큰 복을 누리는 상황에 이르게 됩니다. 아쉬운 것 하나 없이 모든 것이 풍성하고 풍요롭습니다. 불과 몇 년 전까지만 해도 노예에 죄수의 신분으로 고통 당했는데 이제는 그럴 때가 있었나 싶을 정도로 환경이 달라졌습니다. 그러한 때에 첫 아들이 태어납니다. 요셉은 아버지로서 당연히 이 아이의 이름을 생각했을 것입니다. 그리곤 지난날 그가 겪었던 모든 고난과 형님들 때문에 겪었던 마음의 고통과 상처를 잊어버리게 해주는 귀한 선물이라는 의미에서 므낫세라고 이름을 지었습니다.

요셉은 첫아들 므낫세의 이름(우리식으로 말하면 모든 아픔과 상처를 잊어버림)을 부를 때마다 이 큰 복으로 자신의 모든 고난과 상처를 잊어버리게 하신 하나님께 감사와 찬양을 드렸을 것입니다. 고난과 상처를 치료하는 최고의 약은 하나님의 축복인 것 같습니다.

하나님이 왜 우리를 축복하셔서 복을 누리게 하실까요? 중요한 이유 중의 하나가 고난과 상처로 찌들고 눌린 우리의 마음을 넓혀 주시고 넉넉하게 하셔서 삶의 행복을 맛보게 하시려는 것입니다. 너무 없이 살고 상처 받고 찌들고 살아왔던 사람들을 만나보면 인간적인 매력이 없습니다. 여유가 없어요. 늘 벌벌 떨거나 과거의 고통에 매여 살 때가 많습니다. 이런 사람들은 무엇으로 치유가 되고 회복이 됩니까? 바로 하나님이 부어주시는 큰 축복입니다. 그래서 복도 좀 받아 볼 필요가 있고, 누릴 필요가 있는 것이죠. 축복으로 말미암아 켜켜이 쌓인 아픔과 고통들이 눈 녹듯이 사라지는 것입니다. 하나님은 요셉이 형들에게 배신당하고 무시 당했던 마음의 상처와 고통을 애굽의 총리가 되어 아들 므낫세의 웃음소리와 재롱을 보면서 다 잊어버리게 하셨습니다.

여기에서 우리가 분명히 기억해야 할 것은 자녀는 분명히 하나님이 우리에게 주시는 가장 귀한 위로의 선물이라는 것입니다. 여러분, 자녀들을 통하여 너무 보상받으려고 하지 마세요. "내가 너희들 키우느라 이렇게 고생했다. 이 웬수 같은 놈들아 이제 너희가 효도 좀 해라! 부모의 은혜 좀 생각해 봐라!" 그런데 가만히 생각해 보세요. 여러분의 인생에서 가장 황홀하고 행복했을 때가 언제입니까? 자녀들의 어린 시절 재롱 볼 때 아니었나요? 눈물나도록 행복했던 시절이 있었지요. 부모의 은혜만 있는 것이 아닙니다. 자녀의 은혜가 있는 것입니다. 그런 의미에서 우리 부모들은 이미 자녀들로부터 보상을 다 받은 거예요. 그저 나에게 자녀를 허락해 주셨다는 것 자체가 하나님의 큰 선물이라고 생각하세요. 그게 지혜로운 생각입니다. 자녀들에게 더 받아야 할 것이 있는 것처럼 생각하지 마세요. 괜히 마음 상할 거예요. 자녀의 은혜가 큰 것입니다. 그렇게 생각하면 오히려 자식이 부모에게 제대로 효도하지 않을까요? 요셉이 므낫세를 보면서 느꼈을 행복감과 하나님의 은혜를 생각해 보세요. 요셉은 므낫세를 통하여 이미 하나님의 큰 위로를 족히 경험하고 있는 것입니다.

하나님이 왜 요셉으로 하여금 과거의 고통과 상처를 잊어버리게 하신 것일까요? 과거의 상처와 아픔이 분명 우리의 신앙 성숙을 위한 약재료가 되고 훈련이 되지만 잘못하면 과거의 상처와 아픔에서 헤어나지를 못할 수가 있거든요. 그래서 하나님은 때로 우리에게 큰 복을 부어주셔서 우리의 아픔과 상처를 잊어버리게도

하십니다. 아마도 요셉은 형들에게 받았던 상처, 노예살이와 감옥 살이하면서 당했던 억울한 일들, 자신을 유혹하여 감옥에 가게 만든 보디발의 아내 등 그 모든 사건을 잊으려 했을 것입니다. "다 지나간 일이다. 그것은 다 나를 위한 하나님의 은혜의 사건이었다. 나는 그들을 용서한다. 하나님의 은혜가 크다." 요셉은 아들 므낫세의 이름을 부를 때마다 용서를 결단했고, 하나님의 은혜를 찬양했던 것입니다.

그런데 우리가 잊어버려야 할 것은 고통스럽고 힘든 과거만이 아닙니다. 과거의 자랑스러운 업적, 전통, 배경들도 잊어버릴 필요가 있습니다. 예를 들어 신앙생활을 하면서 "나는 모태교인이다. 몇 대째 신앙생활을 하고 있다. 내가 우리 교회 창립주역이다. 우리 집안이 이 교회 발전을 위하여 이런저런 노력을 하였다." 이런 자랑거리들은 가능하면 잊어버리는 것이 좋습니다. 교회에서 교역자가 사임할 때나 중직자들이 은퇴할 때 감사패나 선물을 드립니다. 그런 것들을 너무 좋아하지 마세요. 하기는 해야 하겠지만 너무 자랑하지 말라는 거예요. 과거의 자랑에 매이게 되면 더 나은 미래를 향하여 전진할 수 없습니다.

그래서 바울은 이렇게 말하지 않습니까? "뒤에 있는 것은 잊어버리고 앞에 있는 것을 잡으려고 푯대를 향하여 나아가노라" 과거는 과거입니다.

잊어버려야 할 것이 있습니다. 그것이 과거의 쓰라린 상처와 고통입니까? 잊어버리세요. 여러분의 화려한 과거의 경력과 자랑입니까? 그것에 매여 전진할 수 없을지도 모릅니다. 뒤에 있는 것은 잊어버리고 앞에 있는 것을 잡으려고 오직 예수 그리스도께서 부르신 소명을 향하여 계속하여 믿음으로 전진할 수 있기를 바랍니다. 요셉이 첫 아들을 므낫세로 부른 것은 자신의 고통스러운 과거가 더 이상 자신의 현재와 미래를 지배하지 못하게 하겠다는 믿음의 결단의 표현인 것입니다.

다음으로 요셉은 둘째 아들의 이름을 "에브라임"이라고 지었습니다. 그 뜻은 "나로 나의 수고한 땅에서 창성케 하셨다"는 의미입니다. 이 이름에는 이날까지 함께하신 하나님의 은혜를 잊지 않기 위한 요셉의 다짐과 결단이 나타납니다. 이사야 1장 2-3절에서 이사야 선지자는 하나님의 은혜를 잊어버리는 배은망덕한 하나님의 백성에 대하여 다음과 같이 탄식했습니다.

> 하늘이여 들으라 땅이여 귀를 기울이라 여호와께서 말씀하시기를 내가 자식을 양육하였거늘 그들이 나를 거역하였도다 소는 그 임자를 알고 나귀는 그 주인의 구유를 알건마는 이스라엘은 알지 못하고 나의 백성

은 깨닫지 못하는도다 하셨도다 사 1:2-3

사람에게는 잊지 않아야 할 은혜는 쉽게 잊어버리고 잊어야 할 원한은 잊지 않는 못된 습성이 있습니다. 그래서 옛 어른들이 남긴 말 가운데 "은혜는 물에 새기고 원한은 돌에 새긴다."라는 말이 있지요.

이러한 이야기가 있습니다. 1979년부터 12월부터 1989년 2월까지 약 9년 동안 소련과 아프가니스탄 간의 전쟁이 있었습니다. 당시 미국은 소련의 아프가니스탄 침공에 맞서 싸우는 "무자헤딘"을 무기, 자금, 훈련 등으로 지원한 적이 있습니다. 이때 지원을 받은 세력 중에는 탈레반과 알카에다의 핵심 인물들도 포함돼 있었죠. 전쟁은 무자헤딘의 승리로 돌아갔고 소련은 철수하게 되었습니다. 그 이후 아프가니스탄은 약 13년 간 내전에 빠졌고 탈레반이 정권을 장악하게 됩니다. 당시 오사마 빈 라덴이 이끄는 알카에다는 서방, 특히 미국을 이슬람 세계를 타락시키고 침략하는 세력으로 간주하면서 총 2,996명의 사상자를 낸 9.11테러를 일으키게 됩니다. 탈레반은 소련과의 전쟁 당시 자신의 나라를 도와줬던 미국의 도움을 잊고는 역사에서 유례가 없는 대형 참사를 일으켰죠. 은혜를 잊으면 안 됩니다. 하나님의 은혜를 잊지 마세요. 동시에 사람의 은혜도 잊지 않기를 축원합니다. "은혜를 잊어버리지 않겠다." 이것이 에브라임이라는 이름에 표현된 요셉의 신앙이었습니다.

하나님이 주시는 놀라운 풍요와 축복 속에서 어린 두 아들 므낫세와 에브라임의 재롱을 보며 인생의 소중한 행복감을 맛보며 미소 짓는 요셉을 생각해 보세요. 수고한 요셉에게 주시는 하나님의 놀라운 위로의 선물이었습니다. 두 아들의 이름을 부를 때마다 요셉은 쓰라린 과거의 상처와 아픔은 잊어버리겠다고 결단하였을 것입니다. 그리고 이 모든 축복이 하나님이 주신 은혜임을 뼛속 깊이 새겨 넣었을 것입니다. 이러한 근사하고 아름다운 축복이 저와 여러분의 인생 가운데 주어지기를 축원합니다.

창세기 42장 6-17절

6 때에 요셉이 나라의 총리로서 그 땅 모든 백성에게 곡식을 팔더니 요셉의 형들이 와서 그 앞에서 땅에 엎드려 절하매
7 요셉이 보고 형들인 줄을 아나 모르는 체하고 엄한 소리로 그들에게 말하여 이르되 너희가 어디서 왔느냐 그들이 이르되 곡물을 사려고 가나안에서 왔나이다
8 요셉은 그의 형들을 알아보았으나 그들은 요셉을 알아보지 못하더라
9 요셉이 그들에게 대하여 꾼 꿈을 생각하고 그들에게 이르되 너희는 정탐꾼들이라 이 나라의 틈을 엿보려고 왔느니라
10 그들이 그에게 이르되 내 주여 아니니이다 당신의 종들은 곡물을 사러 왔나이다
11 우리는 다 한 사람의 아들들로서 확실한 자들이니 당신의 종들은 정탐꾼이 아니니이다
12 요셉이 그들에게 이르되 아니라 너희가 이 나라의 틈을 엿보러 왔느니라

13 그들이 이르되 당신의 종 우리들은 열두 형제로서 가나안 땅 한 사람의 아들들이라 막내 아들은 오늘 아버지와 함께 있고 또 하나는 없어졌나이다

14 요셉이 그들에게 이르되 내가 너희에게 이르기를 너희는 정탐꾼들이라 한 말이 이것이니라

15 너희는 이같이 하여 너희 진실함을 증명할 것이라 바로의 생명으로 맹세하노니 너희 막내 아우가 여기 오지 아니하면 너희가 여기서 나가지 못하리라

16 너희 중 하나를 보내어 너희 아우를 데려오게 하고 너희는 갇히어 있으라 내가 너희의 말을 시험하여 너희 중에 진실이 있는지 보리라 바로의 생명으로 맹세하노니 그리하지 아니하면 너희는 과연 정탐꾼이니라 하고

17 그들을 다 함께 삼 일을 가두었더라

꿈이 이끄는 인생
12

　등산할 때 길을 만들면서 가는 사람들이 있습니다. 남들이 다 가는 길로 가는 것은 싱겁다고 길이 없는 곳에서 길을 만들면서 갑니다. 믿음의 여정에서도 남들이 가보지 않은 길, 완전히 새로운 길을 걸어가는 사람들이 있습니다. 요셉은 그와 같은 새로운 믿음의 길을 열어갔습니다. 그런데 남이 가보지 않은 길로 간다는 것은 새로운 길에 대한 흥미와 스릴이 있지만 훨씬 힘들고 어렵다는 것을 알아야 합니다.
　인류 최초 산악 그랜드슬램을 달성한 "박영석"이라는 산악인이 있었습니다. 그는 기존에 있던 등산로를 이용하지 않고 새로운 산악 길을 개척하는 등산가로 유명했습니다. 2009년 당시 에베레스트에 오르는 새로운 길을 개척하기 위하여 2년 넘게 씨름을 한 적도 있습니다. 일명 "코리안 루트"라고 불리는 이 길은 에베레스트 남서벽으로 오르는 길로 워낙 난코스고 당시 세계 어느 등반팀도 올라가보지 못한 곳이었습니다. 그는 매순간 새로운 코리안 루트를 개척하는 것에 도전했던 산악인이었습니다.

믿음의 길이란 본질적으로 새로운 길로의 모험을 말합니다. 그래서 순간순간 하나님을 의지할 수밖에 없는 것이죠. 하나님께서 이스라엘 백성을 광야로 인도하실 때도 한 번도 가보지 않았던 새로운 길로 그들을 인도했습니다. 남들이 가보지 않은 새로운 길이라는 사실 때문에라도 그 길은 쉬운 길이 아닙니다.

지인 목사님에게 들었던 이야기입니다. 하루는 교역자들과 등산을 갔다고 합니다. 다른 사람들은 이미 잘 만들어진 길로 갔는데 이 목사님은 남이 가보지 않은 곳, 길이 없는 곳으로 가보려고 마음먹고는 등산을 시작했다고 합니다. 그렇게 겨우겨우 산 정상에 도착했고 그때 들었던 생각을 저에게 나누어 준 적이 있습니다.

첫 번째, 남이 가보지 않은 길로 간다는 것은 몸을 낮추지 않고서는 갈 수 없는 길입니다. 왜일까요? 길이 없는 곳이니 나무나 수

풀이 우거져 있고, 거길 통과하려면 수시로 몸을 낮춰야 하기 때문입니다. 두 번째, 남이 가보지 않은 길을 갈 때는 고생을 각오해야 한다는 것입니다. 풀에 베이고 나뭇가지에 스치고 옷이 찢어지기도 했다고 합니다. 그리고 세 번째, 길을 잃어버리기 쉽다고 합니다. 그럴 때 당황하지 말고 뒤로 물러나 방향을 제대로 찾아 오르는 것이 너무 중요하다는 것입니다.

신앙생활은 남이 가보지 않은 길로 가는 것과 비슷합니다. 그러나 우리가 목적지에 도착할 수 있다는 희망이 있는 것은 우리를 인도하시는 하나님이 계시기 때문입니다. 하나님은 우리를 인도하시는 분이십니다. 우리의 목적지는 우리를 향한 하나님의 꿈입니다. 사도 바울은 고린도전서 9장 26절에서 이렇게 말씀하고 있습니다.

> … 달음질하기를 향방 없는 것 같이 아니하고 …
> 고전 9:26

신앙생활을 분명한 방향과 목표를 바라보고 달려가는 달리기에 비유하고 있습니다. 방향 감각이 없는 신앙생활은 신앙생활이 아닙니다. 실컷 달려간 뒤에 "어 여기가 아닌가벼?" 후회해도 소용없습니다. 우리에게 중요한 것은 방향 관리입니다. "지금 내 인생이 바른 방향으로 나아가고 있는가? 나는 과연 하나님의 인도하심을 받아 제대로 된 방향으로 나아가고 있는가?" 고민해 봐야 합니다. 방향 관리가 안 되면 그때부터 인생의 혼란과 방황이 시작됩니다. 모세와 함께 광야로 들어섰던 출애굽 1세대의 백성들은 광야를 무려 40년간이나 방황했습니다. 그 기간 동안 여호수아와 갈렙을 제외하고는 모두 죽고 말았습니다. 방향 관리만 제대로 되었다면 그 광야는 넉넉잡고 한 달 정도면 다 통과할 수 있는 길이었습니다. 그러나 그들은 가나안 땅을 향한 하나님의 꿈과 비전을 놓쳐버렸습니다. 하나님의 인도를 더 이상 받지 못했습니다. 그래서 방황하다가 끝나버린 인생이 되고 말았습니다.

신앙의 모습은 크게 두 가지가 있습니다. 하나님의 꿈이 이끌고 가는 신앙이 있는가 하면, 자신의 욕심과 인생의 문제가 이끌고 가는 신앙이 있습니다. 로마서 8장 14절에 보면 이런 말씀이 있습니다.

> 무릇 하나님의 영으로 인도함을 받는 사람은 곧 하나님의 아들이라 롬 8:14

무슨 말씀입니까? 정상적인 하나님의 자녀들이라면 하나님의 영의 인도, 성령의 인도를 받아야 한다는 것입니다. 그러면 성령님은 우리 한 사람 한 사람을 방향성도 없이 즉흥적으로 이끌어 가실까요? 절대 그렇지 않습니다. 성령님은 우리를 향한 하나님의 꿈의 방향대로 우리를 인도하십니다. 우리의 목자는 우리를 푸른 풀밭, 쉴 만한 물 가로 인도하십니다. 그 과정에 사망의 음침한 골짜기가 있고 힘든 코스가 있을 수도 있습니다. 하지만 목자가 우리를 인도하는 궁극적인 방향은 우리를 향한 하나님의 아름다운 꿈을 향해 있습니다. 그런데 양의 가장 치명적인 문제는 목자의 인도함을 부인하고 자기 욕심과 고집대로 한다는 것입니다. 이런 삶은 얼마 못 가서 방향성을 상실하고 맙니다. 문제에 부딪히게 되고, 계속하여 문제에 이끌려 다니며 방황하는 신앙생활을 하게 되는 것이죠.

자신의 욕심을 따르지 않고 계속하여 하나님의 인도를 잘 받아 왔던 요셉에게 드디어 중요한 순간이 다가옵니다. 자신을 팔아넘겼던 형님들이 애굽으로 양식을 얻기 위하여 찾아온 것이죠. 멀리 가나안 땅에 있던 형들이 애굽으로 내려올 아무런 이유가 없습니다. 그러나 하나님이 세계 경제 불황, 기근이라는 여건을 조성하셔서 요셉의 형들을 요셉에게 이끌어 오셨습니다. 하나님은 모든 것을 다 동원하여 하나님의 뜻을 이루시기 위하여 역사하고 계신 것을 알 수 있습니다.

요셉은 자기 눈앞에 나타난 형들을 보는 순간 즉각적으로 자기가 열일곱 살 때 꾸었던 꿈이 기억났습니다. 형들과 모든 가족이 요셉에게 절하는 꿈이었습니다. 6절을 보면 형들이 요셉 앞에 절하고 있지 않습니까? 바로 하나님이 주신 꿈이었습니다. 요셉은 본능적으로 "아! 형들이 애굽으로 온 것은 하나님이 내가 꾼 하나님의 꿈을 이루시기 위하여 이끌어 오신 사건이구나."라고 하나님의 섭리와 꿈을 통하여 이 상황을 해석하였던 것이죠.

> 요셉이 그들에게 대하여 꾼 꿈을 생각하고 … 창 42:9

여기에서 알 수 있는 중요한 내용은 무엇입니까? 요셉은 하나님의 꿈에 대하여 깨어 있었다는 것이고, 하나님의 꿈의 방향대로 인도함을 받고 있다는 사실입니다. 이것이 중요합니다. 꿈이 이끌어가는 사람은 순간순간 하나님의 꿈을 바라보며 자신의 방향을 조절합니다.

남미 브라질의 에퀴스벨 곤충연구소에서 아주 흥미로운 개미를 집중 연구했습니다. 이 개미의 중요한 특성은 계속해서 북쪽을 향해 수십 키로씩 이동한다는 것입니다. 중간에 장애물도 있고 길이 끊어진 곳도 있을 텐데 이 개미떼들은 어떤 곳에서도 방향을 잃지 않고 북쪽으로 늘 바르게 이동한다는 것이죠. 이 사실이 신기해서

과학자들이 다각도로 연구조사를 했습니다. 그러다가 개미의 배에 일종의 자기물질이 내장되어 있다는 사실을 발견했습니다. 몸에 천연 나침반이 부착되어 있었던 것이죠. 그래서 개미는 이 천연 나침반의 안내를 받아 어떤 곳에서도 자동적으로 북쪽으로 방향을 잡을 수 있었습니다.

우리 믿는 사람들에게도 나침반이 주어져 있습니다. 그것은 우리 마음에 주시는 하나님의 꿈과 소원입니다. 하나님의 꿈과 소원이 우리 속에 불붙고 있다면 늘 바른 방향으로 갈 수 있습니다. 긴 인생의 여정, 믿음의 여정에서 하나님의 꿈이라는 나침반은 선택사항이 아니라 필수사항이라는 것을 알아야 합니다. 요셉은 지금 형들을 만나는 자리에게 다시금 자신 속에 있는 하나님의 꿈의 나침반을 펼쳐 보았습니다. 본문 9절에 보면 형들을 만나는 자리에서 요셉은 그들에 대해 꾼 꿈을 생각했다고 합니다. 요셉의 인생을 이끌어가는 하나님의 나침반이 작동되는 순간입니다. 요셉은 언제나 꿈을 생각했고 꿈을 따라서 방향을 잡았고 살아갔습니다.

꿩고기로 사용되는 꿩은 야생 꿩이기보다는 사육하는 꿩입니다. 쉽게 잘 날아다니는 꿩을 사육가들은 어떤 방법으로 키울까요? 꿩에게 챙이 긴 모자를 씌운다고 합니다. 그럼 꿩들이 하늘을 보지 못하기 때문에 자신들이 날 수 있다는 사실을 망각하게 된다고 합니다. 시선이 위로 향하지 못하고 앞이나 옆에 있는 다른 꿩 밖에 볼 수가 없는 것이죠. 눈에 보이는 것은 부지런히 모이를 쪼고 있는 다른 꿩들뿐입니다. 그래서 모자를 쓰고 있는 꿩들은 다른 꿩들에게 뒤질세라 정신없이 모이를 먹는 것입니다. 모자를 쓴 꿩들은 신기하게도 날지를 않는다고 합니다. 무엇을 보느냐, 무엇을 꿈꾸며 생각하느냐가 그렇게 중요합니다. 하나님의 꿈을 바라보지 못하고 당장 눈앞에 있는 현실, 땅의 것만 바라보는 사람은 그저 땅의 것만 쫓아다니다가 끝나는 인생이 됩니다. 그러나 언제나 하나님의 꿈을 간직하고 그 꿈을 바라보며 믿음으로 전진하는 성도들은 요셉처럼 꿈의 하늘로 날아오르게 될 것입니다.

하나님의 꿈과 비전을 가리고 있는 우리의 욕심, 의심, 두려움, 어리석음을 벗어 버립시다. 그리고 믿음의 주요 온전케 하시는 그 하나님을 바라봅시다. 위의 것, 즉 우리에게 주신 하나님의 꿈을 바라봅시다.

창세기 45장 1-8절

1   요셉이 시종하는 자들 앞에서 그 정을 억제하지 못하여 소리 질러 모든 사람을 자기에게서 물러가라 하고 그 형제들에게 자기를 알리니 그 때에 그와 함께 한 다른 사람이 없었더라
2   요셉이 큰 소리로 우니 애굽 사람에게 들리며 바로의 궁중에 들리더라
3   요셉이 그 형들에게 이르되 나는 요셉이라 내 아버지께서 아직 살아 계시니이까 형들이 그 앞에서 놀라서 대답하지 못하더라
4   요셉이 형들에게 이르되 내게로 가까이 오소서 그들이 가까이 가니 이르되 나는 당신들의 아우 요셉이니 당신들이 애굽에 판 자라

5 　당신들이 나를 이 곳에 팔았다고 해서 근심하지 마소서 한탄하지 마소서 하나님이 생명을 구원하시려고 나를 당신들보다 먼저 보내셨나이다
6 　이 땅에 이 년 동안 흉년이 들었으나 아직 오 년은 밭갈이도 못하고 추수도 못할지라
7 　하나님이 큰 구원으로 당신들의 생명을 보존하고 당신들의 후손을 세상에 두시려고 나를 당신들보다 먼저 보내셨나니
8 　그런즉 나를 이리로 보낸 이는 당신들이 아니요 하나님이시라 하나님이 나를 바로에게 아버지로 삼으시고 그 온 집의 주로 삼으시며 애굽 온 땅의 통치자로 삼으셨나이다

형들과의 재회
13

　한국과 같이 사계절이 뚜렷하고 외부의 침략이나 많은 자극을 경험한 민족은 감정이 풍부한 민족이라고 할 수 있습니다. 우리와 비슷한 나라를 들면 멕시코나 이탈리아, 스페인이 있습니다. 반면에 열대지방이나 날씨가 너무 추운 곳은 감정이 느슨해지거나 굳어질 수 있습니다.
　믿음의 정상을 향하여 전진하는 성도들이 꼭 배워야 할 훈련이 있다면 감정 훈련, 정서 훈련입니다. 내적 치유에서 중요하게 다루는 것이 "성인아이"라는 개념입니다. 몸은 어른이 되었는데 내면세계는 아직도 채 자라나지 못한 아이 같은 부분이 있는 것을 말합니다. 가끔 교회 안에 전형적인 성인아이 같은 모습을 보이는 분들이 있습니다. 지혜나 지식 등 다른 모든 영역에서는 어른의 모습을 보이는데 어떤 한 부분이 유독 어린아이 같은 모습을 보이는 분들이 있어요. 나이가 40, 50, 60이지만 자신의 내면세계 어떤 부분은 여전히 4살, 5살 같은 분들이 있죠. 이런 성인아이들 대부분이 감정의 영역에 문제가 있습니다. 다르게 말하면 감정을 잘 다스리지 못하는 것이죠. 감정 표현과 감정 관리가 서툽니다. 감정이 상하거나 힘든 경우에 꼭 세 살 먹은 어린아이처럼 행동을 해요. 왜 그렇습니까? 감정 훈련, 정서 훈련이 덜 되어 있는 것입니다.

주님은 온유한 자가 땅을 기업으로 차지할 것이라고 약속하셨습니다. 온유한 자는 어떤 사람입니까? 감정의 영역에서 적용하면 자기 감정 관리, 기분 관리를 잘하는 사람이라는 뜻입니다. 온유한 성도, 온유한 교회, 온유한 나라가 잘되는 것입니다. 저는 우리 교회 당회에 참 감사한 마음이 있습니다. 비교적 온유한 당회거든요. 큰 소리나 고성이 오가는 일이 거의 없습니다. 참 성숙한 것 같습니다. 당회에서 큰 소리가 많이 나는 곳, 감정을 잘 추스르는 것이 부족한 당회원들이 있는 당회에 가면 행복이 없습니다. 교회가 행복하지 못해요. 우리나라 국회나 큰 회의장 같은 곳을 가보세요. 아직도 우리나라가 선진국이 되기는 멀었다고 느껴지는 것은 감정을 잘 다스려서 조리 있게 말하기보다는 폭발하는 경우들이 여전히 많다는 것입니다. 명심하세요. 온유한 자가 승리한다는 것을.

옛날 그리스의 대표적인 두 도시가 있었습니다. 아테네와 스파르타입니다. 아테네는 평화의 도시요 관용의 도시, 철학의 도시였습니다. 대화와 타협이 있고 상대방의 의견을 존중해주는 민주주의 제도가 꽃 피어났습니다. 지금까지도 아테네의 철학과 민주주의 제도는 많은 영향을 주고 있습니다. 왜 그럴까요? 온유한 나라였기 때문입니다. 반면에 스파르타는 전제국가입니다. 강력한 독재자에 의하여 막강한 힘과 무력을 추구하는 나라입니다. 스파르타는 주위 국가들의 침략으로부터 자기들을 지키기 위해서는 오직 무력밖에 없다고 생각하고는 전 국민을 무자비할 정도로 강하게 훈련을 시킵니다. 그래서 스파르타의 군인은 한 사람 한 사람으로서는 너무 막강했습니다. 적들이 공격하면 불같은 복수심을 불태우며 천만 배로 값아 주곤 했습니다. 이 나라를 이끄는 동력은 원수들에 대한 분노와 복수심, 원한 같은 것이었습니다. 감정적으로 거칠고 과격했던 것이죠. 온유하지 못했습니다. 결국 얼마 못 가서 스파르타는 망하고 말았습니다. 온유한 자가 땅을 기업으로 차지한다는 것을 명심해야 합니다. 감정과 정서를 잘 다스려야 합니다.

요셉이 성숙한 사람이라는 증거는 자신의 감정을 잘 다스렸다는 것입니다. 감정을 잘 다스린다는 것은 무슨 말입니까? 감정을 파괴적인 방법이 아닌 긍정적으로, 생산적으로, 하나님께 영광이 되는 방향으로 관리할 줄 알았다는 것입니다. 요셉은 형들을 만나고서도 오랫동안 감정을 자제하고 절제했습니다. 섣불리 감정을 표현하고 말했다가 하나님의 꿈을 거스를 수도 있었기 때문입니다. 형들에게 다시금 돌아가서 베냐민을 데리고 오라고 요청했습니다. 지금 만나고 있는 형들은 다 이복형제였고 베냐민만 같은 어머니 라헬에게서 난 진짜 형제였던 것이죠.

마침내 형들이 그 친동생 베냐민을 데리고 나타나자 요셉은 더는 자기의 감정을 억제할 수 없었습니다. 그래서 시종들을 다 물리치고는 통곡하며 울었습니다. 그리고 형들에게 자신을 알립니다. 물론 본문 1,2절만을 보면 요셉은 감정을 관리하지 못하고 터뜨리고 마는 사람처럼 보입니다. 그러나 이전의 요셉을 봐야 합니다. 감정을 잘 관리한다는 것이 아무런 감정 표현도 하지 않고 목석처럼 있으라는 것이 아니지요. 감정을 표현할 때와 절제

할 때를 구분할 줄 아는 것이 감정 관리의 기본입니다. 창세기 42장에서 처음 형들을 만났을 때 요셉의 마음속에 얼마나 많은 생각과 감정들이 교차했겠습니까?

자기를 죽이려고 했던 형님들, 자기를 팔아넘긴 형님들을 향해 원한과 분노와 적개심이 얼마나 들끓었겠습니까? 요셉은 그 파괴적인 감정대로 행하지 않았습니다. 친동생 베냐민이 돌아올 때까지 기도하면서 감정을 절제했습니다. 그리고 베냐민이 돌아오면 이 형들과 어떤 만남을 가져야 할까 곰곰이 기도하며 많은 생각을 가졌을 거예요. 요셉은 자기 속에 존재하는 파괴적인 감정을 따르지 않고 하나님이 주시는 용서와 화해의 마음으로 대하겠다고 결단했을 것입니다.

오늘 본문 5절 이하에서 요셉이 형들을 대하는 태도를 보세요. 두려워하고 근심하는 형들을 향하여 자신의 파괴적인 감정대로 행하지 않습니다. 오히려 그들을 위로하고 안심시키고는 이 모든 사건은 나를 이곳으로 보내기 위한 하나님의 역사라고 재해석하고 있습니다. 무슨 말씀입니까? '내가 이곳으로 나아온 것은 형들에게 팔려 온 것이 아니라 하나님이 나를 이곳으로 파송한 것이다.'라고 생각한 것이죠. 만약 요셉이 원한을 따랐다면 이런 성숙한 생각을 하지 못했을 것입니다. 감정을 다스리고 하나님의 뜻과 섭리 속에서 생각해 보니 팔려 온 것이 아니라 하나님께 파송 받은 것이죠. 지금 요셉의 마음을 지배하고 있는 감정은 파괴적인 감정이 아니라 긍휼과 애통해 하는 마음이었습니다. 살리는 감정, 하나 되게 하는 화해의 감정이었던 것이죠. 이런 감정으로 생각을 하니 살리는 생각, 하나님의 생각을 할 수 있게 된 것입니다.

요셉이 동생 베냐민을 보며 통곡하는 눈물은 결코 원한의 눈물이나 파괴적인 감정이 아닙니다. 이미 오랫동안 순화되고 정돈된 순전한 감정의 눈물입니다. 아름다운 눈물인 것이죠. 사랑하는 여러분, 요셉의 이러한 모습 속에서 자신의 감정을 잘 다스릴 뿐만 아니라 성숙하게 감정을 표출하는 감정 관리의 모습을 잘 배울 필요가 있습니다. 결국 요셉은 한을 다스릴 줄 알았던 사람입니다.

하나님은 자신의 원한의 감정을 다스릴 줄 알았던 요셉을 통하여 가족이 하나 되게 합니다. 만약 요셉이 파괴적인 감정대로 분노를 표출하고 행동했다면 분명히 형들은 다 처형당했거나 평생 감옥에 갇혀야 했을 것입니다. 요셉은 자신의 상처를 승화시켰습니다. 상처를 그대로 안고 모든 가족을 하나 되게 했습니다. 가장 크게 상처받았던 요셉, 깊은 상처의 흔적과 고통을 안고 평생을 살아가야 했던 요셉, 그 요셉이 이제는 자신의 가족 전체를 치유하고 회복하며 화평케 하는 자로 쓰임 받고 있습니다. 상처 입은 치유자의 모습이 얼마나 멋집니까?

예수님도 십자가에서 큰 상처를 입으신 분입니다. 그러나 그 십자가로 말미암아 우리를 하나 되게 하시고 화평과 화해의 길을 열어주셨지요. 그래서 이 십자가의 정신을 따를 때마다 거기에는 평화가 있고 화해가 있습니다.

평생을 인도에서 선교했던 "스텐리 존스" 선교사님이 계십니다. 이분이 선교 활동을 할 때 유명한 인도의 지도자 "간디"와 간간이 대화도 하고 만남이 있었다고 합니다. 사실 간디는 처음에 기독교 신앙에 관심을 가지고 성경을 많이 읽었던 분입니다. 그러나 자신이 보는 기독교인들의 위선과 잘못에 크게 실망하며 자기 민족의 종교인 힌두교로 돌아섰지요. 그러나 그는 절반은 기독교인에 가까운 사람입니다. 그가 인도를 점령한 영국에 대항했던 방식, 무저항 비폭력도 사실은 예수님의 십자가 정신에서 영향을 받았다고 스텐리 존스 선교사는 밝히고 있습니다.

간디의 무저항과 비폭력, 이 십자가의 노선은 강력한 힘이 있었습니다. 탄압을 일삼던 기독교의 나라 영국은 믿지 않는 자들의 십자가 정신에 부끄러움을 당하고 인도에서 물러나고 말았습니다. 스텐리 존스 선교사는 한때 간디로부터 이런 말을 들은 적이 있다고 합니다.

"당신들이 우리나라에 기독교를 많이 전파하려고 노력하는 것도 중요하지만, 더 중요한 것은 당신들이 우리들에게 예수님처럼 사는 것을 보여주는 것입니다. 아마 그렇다면 더 많은 인도 사람들이 예수를 믿고 따를 것입니다. 그러나 당신들 기독교인들은 예수님을 믿는다고는 하지만 성경 말씀대로는 살지 않는 것 같습니다."

사랑하는 여러분, 기독교 신앙의 핵심은 십자가입니다. 여러분의 가정에 문제가 있습니까? 힘들고 어려운 일들이 있습니까? 한번 생각해 보세요. 요셉의 가정은 얼마나 크고 심각한 문제가 있었습니까? 형제가 형제를 죽이려고 하는 일이 일어났어요. 이런 경우 상식적으로 온 가족들이 하나되고 화평을 이룰 수 있겠습니까? 피붙이라 하더라도 평생 원수로 살지 않겠습니까? 오늘 말씀에 나타나는 놀라운 하나됨의 역사, 화평의 역사를 보세요. 어떻게 이런 역사가 가능합니까? 누군가가 십자가를 진 것입니다. 가장 크게 상처 받은 요셉이 용서와 긍휼의 십자가를 진 것이죠.

여러분의 마음속에 여러분의 가정을 향한 하나님의 꿈과 비전이 불타고 있습니까? 그렇다면 먼저 그 꿈을 간직한 사명자로 죽을 때까지 그 십자가를 지고 가세요. 중간에 보상 받으려고 하지 마세요. 성숙함으로 십자가를 지고 가면 하나님이 여러분의 아픔과 상처를 싸매어 주실 것입니다. 여러분이 지고 가는 그 십자가 때문에, 희생과 섬김 때문에 여러분의 집안에 회복의 역사가 나타나게 됩니다.

사랑하는 성도 여러분, 가정을 변화시켜 달라고 기도하는 것이 중요합니다. 여러분의 주변 환경과 문제를 해결해 달라는 것도 중요합니다. 그러나 용서와 화해의 십자가를 지고 상처 입은 치유자로서 요셉이 보여준 모범을, 그리고 예수님이 보여주신 모범의 길을 걸어갈 수 있기를 축원합니다. 요셉은 자신의 원한과 상처의 감정을 이겨내고 하나님의 꿈과 비전을 따라 십자가의 길을 걸어갔습니다. 상처 입은 치유자로서 길을 걸어갔습니다. 우리도 자신의 십자가를 지고 화평과 화해의 발걸음을 내디딜 수 있기를 바랍니다. 믿음의 정상을 향한 길은 결국은 파괴적인 감정을 극복하고 전진하는 십자가의 길입니다.

창세기 45장 1–15절

1 요셉이 시종하는 자들 앞에서 그 정을 억제하지 못하여 소리 질러 모든 사람을 자기에게서 물러가라 하고 그 형제들에게 자기를 알리니 그 때에 그와 함께 한 다른 사람이 없었더라

2 요셉이 큰 소리로 우니 애굽 사람에게 들리며 바로의 궁중에 들리더라

3 요셉이 그 형들에게 이르되 나는 요셉이라 내 아버지께서 아직 살아 계시니이까 형들이 그 앞에서 놀라서 대답하지 못하더라

4 요셉이 형들에게 이르되 내게로 가까이 오소서 그들이 가까이 가니 이르되 나는 당신들의 아우 요셉이니 당신들이 애굽에 판 자라

5 당신들이 나를 이 곳에 팔았다고 해서 근심하지 마소서 한탄하지 마소서 하나님이 생명을 구원하시려고 나를 당신들보다 먼저 보내셨나이다

6 이 땅에 이 년 동안 흉년이 들었으나 아직 오 년은 밭갈이도 못하고 추수도 못할지라

7 　하나님이 큰 구원으로 당신들의 생명을 보존하고 당신들의 후손을 세상에 두시려고 나를 당신들보다 먼저 보내셨나니
8 　그런즉 나를 이리로 보낸 이는 당신들이 아니요 하나님이시라 하나님이 나를 바로에게 아버지로 삼으시고 그 온 집의 주로 삼으시며 애굽 온 땅의 통치자로 삼으셨나이다
9 　당신들은 속히 아버지께로 올라가서 아뢰기를 아버지의 아들 요셉의 말에 하나님이 나를 애굽 전국의 주로 세우셨으니 지체 말고 내게로 내려오사
10 　아버지의 아들들과 아버지의 손자들과 아버지의 양과 소와 모든 소유가 고센 땅에 머물며 나와 가깝게 하소서
11 　흉년이 아직 다섯 해가 있으니 내가 거기서 아버지를 봉양하리이다 아버지와 아버지의 가족과 아버지께 속한 모든 사람에게 부족함이 없도록 하겠나이다 하더라고 전하소서

애굽 통치자의 옷을 벗고 우는 요셉
14

우크라이나 전쟁이 지속되고 있습니다. 관련 강대국들 간의 이해관계가 조정될 때까지 빨리 끝나지 않을 것입니다. 전문가들은 이 전쟁으로 세상은 더 빠르게 디지털 아이디, 디지털 화폐, 디지털 결제, 디지털 건강, 디지털 재난 관리 시스템으로 변화되고 있다고 했습니다. 이런 큰 변화를 예민하게 관찰한 어느 목사님은 『디지털 바벨론 시대의 그리스도인』이라는 책을 쓰기도 했습니다. 바벨론은 성도들의 마음을 연단하는 쇠풀무로 언급되며, 성경에서 크게 세 가지 시대에 등장합니다.

첫째는 창세기 10-11장의 니므롯이 건국한 바벨론입니다. 이는 노아의 후손들이 세운 70개 족속 국가를 통일시킨 고대 바벨론 제국입니다. 아브라함은 이때 말씀에 순종하여 바벨론을 떠나면서 믿음으로 사는 성도들의 조상이 됩니다. 둘째는 주전 586년 예루살렘 성전이 있던 남유다 왕국을 무너뜨린 신 바벨론 제국입니다. 셋째는 요한계시록 14장에서 19장까지 등장하는 심판 받게 될 큰 성 바벨론입니다.

> … 무너졌도다 무너졌도다 큰 성 바벨론이여 모든 나라에게 그의 음행으로 말미암아 진노의 포도주를 먹이던 자로다 하더라 계 14:8

다니엘서 2장에는 신 바벨론 제국의 느부갓네살 황제가 꾼 꿈 해석이 나옵니다. 신 바벨론 이후 등장하는 대제국들을 통해 하나님의 세계 경영을 알려주고 있습니다. 요한계시록은 13장에서 때가 되어 등장할 큰 성 바벨론이 몸의 특정 부위에 표를 받은 자만 매매할 수 있도록 경제 시스템을 구축할 것을 예언했습니다. 세상 모든 경제 활동을 하나로 묶어 디지털 결제 시스템 안에 가두어 두려는 이유는 과연 무엇일까요?

오늘 본문은 이러한 디지털 바벨론 시스템으로 급격하게 변화되는 시대에 믿음을 지키고 가족들의 영혼육을 흠 없이 보전할 수 있는 길에 대해 말합니다. 그 핵심은 하나님의 가장 강력한 라이벌인 맘몬신을 믿음으로 이길 수 있느냐에 달려 있습니다.

창세기 37장은 야곱의 열한 번째 아들 요셉이 꾼 꿈 이야기를 합니다. 추수 밭에서 형들의 곡식단이 요셉의 단을 둘러서서 절하는 꿈과 하늘의 해와 달과 열한 별이 요셉에게 절하는 꿈입니다. 요셉이 장차 온 세상의 왕이 될 것에 대한 예언적 꿈입니다. 이 꿈 때문에 요셉은 형들에 의해 애굽의 노예로 팔려 가 감옥살이까지 합니다. 하나님의 말씀이 응할 때가 되어 요셉은 옥에서 풀려나 바로의 꿈을 해석하게 됩니다. 곧 세계 경제가 칠 년 풍년 이후 칠 년 흉년의 때로 들어가게 될 것이라는 하나님의 뜻을 전합니다. 이에 바로 왕은 요셉을 애굽의 통치자로 삼아 국정을 맡깁니다. 요셉의 꿈 해석대로 세상 경제가 진행되기 시작했습니다. 요셉은 큰 풍년의 때에 흥청망청 쓰지 말고 흉년을 대비하여 곡식을 창고에 잘 비축해 두라고 명합니다. 요셉의 말에 순종하여 창고에 곡식을 비축하여 잘 대비하자 일곱 해 큰 흉년이 왔습니다. 온 세상이 경제적 어려움에 시달릴 때 요셉에게 가면 양식을 구할 수 있다는 소식이 들렸고 온 열방의 사람들이 요셉에게로 몰려왔습니다.

창세기 47장은 기근이 더 심해지자 사람들이 몸과 토지를 바로 왕에게 팔아 곡식을 샀다고 합니다. 즉 세상 임금의 노예가 되었다는 뜻이죠. 이 요셉의 이야기를 통해 하나님은 디지털 바벨론 시대를 살고 있는 우리에게 무엇을 말씀하고 있는 것일까요?

온 세상이 굶주리게 될 환란의 때, 애굽 통치자로 다스렸던 요셉은 열방 모든 민족의 구세주가 되신 예수 그리스도의 모형이라 할 수 있습니다. 요셉을 애굽에 팔아넘긴 열 명의 형들은 지금까지도 예수님을 자신들이 기다리는 메시아로 인정하지 않는 이스라엘 백성들이라 할 수 있겠지요. 요셉을 포함한 열한 명의 아들들과 달리 베냐민은 야곱이 약속의 땅 베들레헴으로 돌아가는 중에 낳은 아들입니다. 즉 베냐민은 이방인 추수가 끝나고 예수 그리스도의 곳간으로 추수되어 들어갈 이스라엘의 남은 영혼들의 예표입니다. 요한계시록 7장 8절은 마지막 대추수 때 성령의 인침을 받은 14만 4천 명의 성도 중에 요셉과 베냐민 지파에서 예수 복음의 증인들이 일어날 것을 예고하고 있습니다.

요셉처럼 동족 이스라엘에게 버림받아 죽으시고 부활하신 예수님은 마태복음 28장에서 남은 자들에게 다음과 같은 당부를 했습니다. "이제 세상 마귀가 아담에게서 도둑질해 간 땅의 권세도 하나님 아버지께서 부활한 나에게 맡기셨다는 사실을 명심해라!"

> … 하늘과 땅의 모든 권세를 내게 주셨으니 마 28:18

"그러므로 두려워하지 말고 가서 땅의 모든 민족을 제자로 삼아 말씀을 가르쳐 지키게 하라! 복음의 사명에 충성하는 자들에게는 세상 끝날까지 내가 함께 동행하며 지켜줄 것이다." 요셉은 자신을 팔아넘긴 형들에게 하나님이 나를 온 세상의 구세주로 삼아 많은 생명을 구원하게 하시려고 먼저 애굽으로 보내셨다고 고백합니다. 동족에게 버림받은 자신의 기구한 삶을 상처로 여기지 않았습니다. 많은 생명을 구원하시려는 하나님 은혜로 재해석하며 감사했습니다. 모든 민족에게 복음을 전하는 사명을 감당하면서 많은 고난을 겪어야 했던 바울도 자신의 삶을 은혜로 재해석했습니다. "나의 나 된 것은 하나님의 은혜로다!" 복음의 사명을 감당하고 있는 우리도 합력하여 선을 이루게 하시는 하나님을 믿고 그 은혜에 감사 찬양을 드립시다.

애굽 통치자의 옷을 벗고 베냐민을 안고 울면서 형들에게 용서의 입맞춤을 하는 요셉의 모습은 장차 예수 그리스도께서 하실 일에 대한 예고편입니다. 디지털 바벨론 시스템으로 점점 믿음을 변질시키려 할 때 순종하며 요셉이 예비한 고센 땅에 머물러 있는 것이 믿음을 지키며 살 수 있는 길임을 명심합시다. 때가 되면 야곱의 족속들이 수천 년 동안 기다려 왔던 메시아가 바로 예수 그리스도임을 깨닫게 될 것입니다. 이 시즌에 주님의 귀한 어린 양인 우리들은 선한 목자 예수님이 예비해 주신 앙무리들의 피난처이자

도피성인 고센 땅, 즉 교회에 잘 머물러 있어야 합니다.

> … 요셉의 말에 하나님이 나를 애굽 전국의 주로 세우셨으니 지체 말고 내게로 내려오사 아버지의 아들들과 아버지의 손자들과 아버지의 양과 소와 모든 소유가 고센 땅에 머물며 나와 가깝게 하소서 흉년이 아직 다섯 해가 있으니 내가 거기서 아버지를 봉양하리이다 아버지와 아버지의 가족과 아버지께 속한 모든 사람에게 부족함이 없도록 하겠나이다 하더라고 전하소서 창 45:9-11

부족함이 없게 하겠다는 주님의 약속을 믿고 순종합시다. 복음의 사명을 기쁨으로 잘 감당합시다. 이것이 바울이 터득한 풍년의 때나 흉년의 때나 주 안에서 자족하는 일체의 비결입니다. 복음의 사명에 충성하면서 전능자의 그늘 아래 보호받기를 원하는 성도들에게 하나님은 고센 땅 같은 교회를 통해 부족함이 없도록 채워 주십니다.

> 나의 하나님이 그리스도 예수 안에서 영광 가운데 그 풍성한 대로 너희 모든 쓸 것을 채우시리라 빌 4:19

고센 땅을 예비하신 하나님의 뜻
15

　창세기 45장의 요셉은 추수를 마무리하는 칠 년 큰 흉년의 때 오실 예수 그리스도의 역할을 연기하는 주인공입니다. 요셉에게 하나님을 섬기는 신앙의 본을 삶으로 가르친 영적 아비들은 예외 없이 큰 흉년의 불시험을 겪었습니다. 양식이 없어 사람들이 굶어 죽어갈 때 믿음의 조상들은 정금 같은 믿음으로 연단 되어 더 크게 번성합니다. 하나님께서 믿음의 조상들에게 맹세하신 언약을 이루시기 위해 재물 얻을 능력을 주셨기 때문입니다.

> … 그 해에 백 배나 얻었고 여호와께서 복을 주시므로 그 사람이 창대하고 왕성하여 마침내 거부가 되어
>
> 창 26:12-13

칠 년 큰 흉년의 때 요셉은 13년간 진짜 주인공 그리스도 예수의 마음을 품고 메소드 연기를 할 수 있기까지 혹독한 연단을 받았습니다. 요셉의 몸과 마음을 빌려 장차 오실 그리스도께서 일하실 준비가 되었을 때 칠 년 풍년과 칠 년 흉년의 예언적 꿈을 해석하게 해주십니다. 이를 통해 마지막 때에 영혼의 추수를 미리 대비할 수 있도록 구원의 길을 알려 주신 것입니다. 하나님은 많은 생명을 구원하기 위해 화목제물이 되신 그리스도의 마음을 품은 요셉에게 새 옷을 입혀 주십니다.

> 자기의 인장 반지를 빼어 요셉의 손에 끼우고 그에게 세마포 옷을 입히고 금 사슬을 목에 걸고 창 41:42

하나님은 지금도 요셉처럼 그리스도의 심장을 이식받은 성도들에게 예수 그리스도의 권세와 영광으로 새 옷을 입혀 주십니다.

성령에 감동된 요셉은 자신을 노예로 팔았던 형들의 악행까

지도 큰 구원의 섭리 안에서 일어난 일임을 깨닫고 감사와 찬양을 올려드렸습니다.

> 하나님이 큰 구원으로 당신들의 생명을 보존하고 당신들의 후손을 세상에 두시려고 나를 당신들보다 먼저 보내셨나니 창 45:7

성경이 계시한 그 메시야를 십자가에 못 박게 될 유대인들을 긍휼로 구원하실 것을 알려주시는 말씀이기도 합니다.

하나님께서 요셉을 통해 은혜로 택하신 성도들을 구원하시기 위해 예비하신 고센 땅의 의미에 대해 살펴봅시다.

첫째, 고센 땅은 구원받은 성도들이 말씀으로 양육을 받아 주님을 가까이할 수 있도록 은혜로 예비하신 피난처입니다.

> 아버지와 아들들과 아버지의 손자들과 아버지의 양과 소와 모든 소유가 고센 땅에 머물며 나와 가깝게 하소서 창 45:10

하나님은 어느 때나 요셉처럼 그리스도를 닮은 깨끗한 그릇으로 연단된 성도들을 통해 피난처를 예비하십니다. 최초의 성전 에덴동산은 하나님의 손으로 건축하신 피난처의 원형입니다. 노아의 때는 방주, 요셉의 때는 고센 땅, 모세의 때는 성막, 다윗의 때는 경배의 장막이 피난처였습니다. 신약 때는 예수 그리스도와 한 몸 된 사망 권세를 이기는 교회가 피난처입니다. 모두가 생명수의 근원, 만복의 근원이신 주 예수 그리스도를 가까이할 수 있도록 예비하신 피난처입니다. 사도 요한은 약속대로 주님이 다시 오시기 직전 1,260일 동안, 한 때 두 때 반 때에 예비될 피난처가 있을 것을 알려줍니다.

> 그 여자가 광야로 도망하매 거기서 천이백육십 일 동안 그를 양육하기 위하여 하나님께서 예비하신 곳이 있더라 계 12:6

주님은 제자들에게 약속하신 대로 세상 끝날까지 예비하신 피난처에서 함께 하실 것입니다.

둘째, 고센 땅은 죄 많은 애굽과 거룩하게 구별된 약속의 땅입니다. 선한 목자 되신 주님께서 자기의 양들을 위해 은혜로 예비하신 고센 땅은 애굽에서 가장 좋은 땅이었습니다.

> 그들이 또 바로에게 고하되 가나안 땅에 기근이 심하여 종들의 양 떼를 칠 곳이 없기로 종들이 이곳에 거류하고자 왔사오니 원하건데 종들로 고센 땅에 살게 하소서 창 47:4

그곳은 바로 왕을 가까이하는 곳이 아니라 이 세상과 구별된 요셉을 가까이하는 은혜로 예비된 땅이었습니다. 애굽의 고센 땅에서 바로 왕이 아닌 요셉을 가까이한다는 의미는 무엇입니까? 이 세상과 짝하지 않고 약속대로 오실 그리스도를 기도와 말씀으로 가까이하는 참된 예배를 의미합니다. 생수의 강이 흐르는 하늘의 문을 여는 참된 예배가 드려지는 교회가 고센 땅이라 할 수 있을 것입니다. 영적 거장 데이빗 윌커슨 목사님도 고센 땅에 대해 이렇게 설교하셨습니다.

"하나님의 보호는 성벽이 아니라 하나님의 임재 안에 있다. 이 세상과 구별된 성령의 임재가 있는 참된 예배의 처소가 고센 땅이다."

애굽에 임한 열 가지 재앙은 장차 온 세상에 임할 해산의 진통을 예표합니다. 애굽의 열 가지 재앙의 때도 고센 땅에 거하는 성도들은 거룩하게 구별되어 보호를 받았습니다. 끝까지 고센과 애굽, 빛과 어두움, 알곡과 가라지, 생명의 부활과 심판의 부활이 구별될 것입니다.

셋째, 고센 땅은 부족함이 없는 공급이 있을 것이라고 하나님이 말씀으로 보증한 곳입니다. 오실 그리스도의 예표인 요셉은 하나님의 소유가 된 백성들이 고센 땅에 거하면 부족함이 없도록 할 것이라고 약속합니다.

> 흉년이 아직 다섯 해가 있으리니 내가 거기서 아버지를 봉양하리이다 아버지와 아버지의 가족과 아버지께 속한 모든 사람에게 부족함이 없도록 하겠나이다 하더라고 전하소서 창 45:11

당시 애굽과 온 세상의 치리자로 하나님이 높이 들어 세우신 요셉의 말은 반드시 시행할 것이라는 보증이 있는 약속이었습니다. 고센 땅에 거하는 하나님의 소유가 된 백성들은 생수의 근원이신 주 예수 그리스도를 가까이함으로 칠 년 큰 흉년의 때도 부족함이 없는 공급을 받았습니다. 하나님의 영의 인도하심을 받는 성도들에게 주실 풍성한 공급의 약속을 이사야도 이렇게 증거했습니다.

> 여호와가 너를 항상 인도하여 메마른 곳에서도 네 영혼을 만족하게 하며 네 뼈를 견고하게 하리니 너는 물 댄 동산 같겠고 물이 끊어지지 아니하는 샘 같을 것이라 사 58:11

바울도 개척한 여러 교회들 중 끝까지 복음 전파를 위해 기도와 물질로 협력했던 빌립보교회 성도들에게 하나님의 풍성한 공급의 약속을 선포했습니다.

> 나의 하나님이 그리스도 예수 안에서 영광 가운데 그 풍성한 대로 너희 모든 쓸 것을 채우시리라 빌 4:19

하나님의 임재가 있는 곳은 언제나 고센 땅이 됩니다. 이 시대에도 하나님은 그리스도와 한 몸이 된 성도들을 통해 피난처를 예비하고 계십니다. 고센 땅은 생수의 강이 흐르는 셋째 하늘의 문을 여는 거룩하게 구별된 참된 경배의 처소입니다. 하나님의 소유가 된 백성들에게 모든 쓸 것을 채워 주시겠다고 약속하신 말씀이 성취되는 땅입니다.

창세기　49장 22-26절

22　요셉은 무성한 가지 곧 샘 곁의 무성한 가지라 그 가지가 담을 넘었도다
23　활쏘는 자가 그를 학대하며 적개심을 가지고 그를 쏘았으나
24　요셉의 활은 도리어 굳세며 그의 팔은 힘이 있으니 이는 야곱의 전능자 이스라엘의 반석인 목자의 손을 힘입음이라

25 네 아버지의 하나님께로 말미암나니 그가 너를 도우실 것이요 전능자로 말미암나니 그가 네게 복을 주실 것이라 위로 하늘의 복과 아래로 깊은 샘의 복과 젖먹이는 복과 태의 복이리로다

26 네 아버지의 축복이 내 선조의 축복보다 나아서 영원한 산이 한 없음 같이 이 축복이 요셉의 머리로 돌아오며 그 형제 중 뛰어난 자의 정수리로 돌아오리로다

장자의 명분을 받은 요셉의 복

16

　성경에서 장자, 초태생, 처음 익은 열매, 십일조는 모두 하나님의 소유로 드려진 제물임을 알려주는 비유입니다. 장자는 다른 아들들과 달리 하나님의 뜻을 이루기 위해 거룩하게 구별된 아들입니다. 초태생은 다른 가축들과 달리 하나님께 제물로 드리기 위해 구별된 가축입니다. 처음 익은 열매도 하나님의 소유로 구별된 열매입니다. 십일조도 하나님의 소유로 드려진 거룩하게 구별된 예물입니다. 십자가에 죽기까지 복종하신 예수님을 부활 생명들의 초태생, 처음 익은 열매, 십일조, 장자라고 할 수 있습니다. 마귀가 첫째 아담에게서 도적질 한 장자의 명분을 마지막 아담이신 예수님이 피로 값 주고 삽니다. 그리하여 예수님은 만유의 상속자가 됩니다. 하늘과 땅의 모든 권세를 맡은 장자로 아버지의 왕위를 계승합니다. 장자의 권리는 상속권, 왕권과 관계가 있습니다. 그래서 장자권을 회복하는 과정에는 상속권 분쟁, 왕권 쟁탈전이 있습니다. 하나님의 가족도 장자가 먼저 갑절의 유산을 상속받습니다. 장자가 하나님의 집을 다스릴 권세를 받습니다. 아버지의 뜻에 죽기까지 복종하신 독생자를 지극히 높여 하나님 집의 장자로 삼습니다. 모든 재산을 장자에게 상속하여 그 뜻대로 천국의 아들들에게 상속케 합니다. 모든 권세도 장자에게 맡겨 그 뜻대로 천국의 아들들과 함께 하나님의 나라를 다스리게 합니다.

창세기 25장에는 야곱이 형 에서에게 붉은 팥죽으로 장자의 명분을 사는 이야기가 나옵니다. 첫째 아담이 마귀에게 빼앗긴 장자권을 마지막 아담 예수님이 붉은 피로 값 주고 사는 거래의 예표입니다. 야곱은 붉은 팥죽으로 형 에서에게 장자의 명분을 샀습니다. 이스라엘은 모든 민족들 중 하나님의 뜻을 이루기 위해 구별된 장자입니다. 하나님의 특별한 소유로 택한 민족입니다.

너는 바로에게 이르기를 여호와의 말씀에 이스라엘은
내 아들 내 장자라 출 4:22

여호와께서 자기를 위하여 야곱 곧 이스라엘을 자기
의 특별한 소유로 택하셨음이로다 시 135:4

  하나님의 소유된 백성, 장자 이스라엘이 말씀에 잘 순종하면 다른 민족들도 덩달아 복을 받습니다. 그래서 장자 민족의 역할이 중요합니다. 한국도 하나님의 뜻을 이루는 장자 민족으로 열방을 축복하는 제사장 나라로 쓰임 받도록 기도합시다.
  솔로몬 때 잠시 장자 이스라엘을 통해 다른 민족들이 평강의 복을 누렸습니다. 그러나 결국 우상숭배로 인해 장자의 복을 빼앗깁니다. 그럼에도 약속대로 장자로 구별된 이스라엘을 통해 구세주가 오심으로 모든 민족들이 구원의 복을 받을 수 있게 하셨습니다. 주님이 부활 생명들의 장자로 오실 때 짐승에게 엎드려 절한 모든 민족들을 심판한 후 메시아의 왕국이 임하게 될 것입니다.
  창세기 49장 야곱의 아들들에 대한 유언은 장차 희생양으로 죽어 부활하여 천국 아들들의 장자가 될 구세주를 통해 하실 일에 대한 예언입니다.

> … 너희가 후일에 당할 일을 내가 너희에게 이르리
> 라 창 49:1

야곱의 열두 아들 중 혈통적 장자는 르우벤입니다. 그러나 르우벤은 아버지의 첩 빌하와 음행의 죄를 짓습니다.

> 물의 끓음 같았은즉 너는 탁월하지 못하리니 네가 아
> 버지의 침상에 올라 더럽혔음이로다 그가 내 침상에
> 올랐었도다 창 49:4

음행의 죄를 지은 르우벤이 장자의 권리를 빼앗길 것에 대한 예언입니다. 모든 민족의 장자로 택함 받은 이스라엘이 영적 간음의 죄를 지어 장자의 복을 빼앗길 것에 대한 예언이기도 합니다. 또한 이삭의 장자 에서가 야곱에게 장자의 명분을 팔아버립니다. 르우벤과 에서는 장자 이스라엘이 세상과 짝함으로 부활의 첫 열매가 될 구세주를 버려 장자의 복을 빼앗길 것에 대한 예표입니다. 그 대신 십자가에서 피 흘리고 부활하신 주를 믿는 성도들이 정한 때까지 장자의 복으로 초청을 받습니다. 주를 믿는 성도들이 오실 메시아의 천년 왕국에서 주와 함께 왕 노릇할 장자의 복으로 초청받은 것입니다. 그러나 주님이 말씀하셨습니다.

> 청함을 받은 자는 많되 택함을 입은 자는 적으니라
> 마 22:14

그래서 장자의 복으로 청함을 받은 우리에게 장자의 복을 빼앗기지 말라고 권면한 겁니다.

> 음행하는 자(르우벤)와 혹 한 그릇 음식을 위하여 장자의 명분을 판 에서와 같이 망령된 자가 없도록 살피라 히 12:16

야곱의 예언을 살펴보면 음행으로 장자의 권리를 잃어버린 첫째 르우벤 대신 넷째 유다와 열한 번째 요셉이 장자의 역할을 맡게 됨을 알 수 있습니다.

> 유다야 너는 네 형제의 찬송이 될지라 네 손이 네 원수의 목을 잡을 것이요 네 아버지의 아들들이 네 앞에 절하리로다 창 49:8

유다의 혈통에서 태어난 예수님이 다시 오실 때 이 예언이 성취될 것입니다.

> 종려나무 가지를 가지고 맞으러 나가 외치되 호산나 찬송하리로다 주의 이름으로 오시는 이 곧 이스라엘의 왕이시여 하더라 요 12:13

르우벤 지파 대신 유다 지파가 실제로 이스라엘 열두 지파의 장자 역할을 합니다. 사망 권세를 이기고 부활 생명들의 장자가 되실 주님이 유다 지파에서 다윗 왕의 혈통으로 태어납니다.

야곱의 소유가 아닌 하나님의 소유로 드려진 요셉은 야곱의 집 담장을 넘어 열방 모든 민족 구원을 위한 장자의 명분을 받습니다.

> 이스라엘의 장자 르우벤의 아들들은 이러하니라 (르우벤은 장자라도 그의 아버지의 침상을 더럽혔으므로 장자의 명분이 이스라엘의 아들 요셉의 자손에게로 돌아가서 족보에 장자의 명분대로 기록되지 못하였느니라 유다는 형제보다 뛰어나고 주권자가 유다에게서 났으나 장자의 명분은 요셉에게 있으니라) 대상 5:1-2

요셉은 장차 주님이 부활의 처음 익은 열매로 야곱의 집 담장을 넘어 모든 민족이 구원의 열매를 맺게 하실 일의 예표가 됩니다.

> 요셉은 무성한 가지 곧 샘 곁의 무성한 가지라 그 가지가 담을 넘었도다 창 49:22

창세기 49장 22-26절은 열방의 모든 민족을 구원할 수 있도록 요셉에게 주신 장자의 복을 소개합니다. 예수님을 믿는 우리도 요셉이 받은 장자의 복으로 초청을 받은 상태입니다. 그러나 초청을 받은 것으로 만족하지 말고 요셉처럼 택함을 입는 은혜를 사모합시다. 장자의 큰 복을 받도록 육신의 생각을 이기고 다음의 세 가지를 훈련합시다.

첫째, 우리 몸을 하나님이 기뻐하시는 거룩한 산 화목제물, 즉 하나님의 특별한 소유로 드리기를 힘씁시다.

둘째, 만복의 근원 주님을 늘 가까이하기 위해 주의 말씀을 주야로 묵상하는 것을 낙으로 여깁시다.

셋째, 요셉처럼 풍년의 때나 흉년의 때나 항상 주의 나라와 주의 의를 먼저 구하며 천국 복음을 전하는 삶을 습관화합시다.

샘 곁에 심은 성령의 열매 맺는 성도
17

성경은 생수의 근원이신 예수님을 계시하는 책입니다. 창세기 1장부터 요한계시록 22장까지 생명의 샘물이 흐르고 있습니다. 좋은 열매를 맺지 못했던 중세 유럽은 14-15세기에 걸쳐 큰 위기를 겪습니다. 흑사병이 창궐하여 유럽 사람 30-50% 정도가 죽습니다. 동로마 제국은 오스만 투르크 이슬람에 의해 멸망합니다. 교회도 세 명의 교황권으로 분열하여 다툼을 하고 있었습니다. 서구 기독교 사회의 총체적인 위기였습니다. 이 암울한 때 문제의 근원으로 돌아가서 해결책을 찾자는 각성 운동이 일어납니다.

이를 "아드 폰테스"라고 합니다.

시편 42편 1절의 시냇물이 라틴어로 아드 폰테스입니다.

> 하나님이여 사슴이 시냇물(Ad Fontes)을 찾기에 갈급함 같이 내 영혼이 주를 찾기에 갈급하니이다 시 42:1

"Ad"는 전치사 to에 해당됩니다. "Fontes"는 샘물, 분수(Fountains)를 의미합니다. 즉 아드 폰테스는 "샘 근원으로 돌아가자, 하나님께로 돌아가자! 성경으로 돌아가자"는 각성 운동입니다.

이 각성 운동의 흐름은 점차 둘로 나뉘어집니다. 하나는 그리스 헬라 철학에서 진리를 찾아보려는 흐름입니다. 이런 사상적 흐름이 14-16세기 르네상스와 18세기 계몽주의로 나타납니다. 나아가 19세기 자유주의 신학의 사상적 배경이기도 합니다. 또 하나의 흐름은 하나님의 말씀, 성경으로 돌아가자는 것입니다. 이 흐름은 종교개혁까지 이어집니다. 종교개혁의 핵심 강령인 "오직 성경으로"(Sola Scriptura)는 아드 폰테스의 업그레이드 버전입니다.

> 내가 주는 물을 마시는 자는 영원히 목마르지 아니하
> 리니 내가 주는 물은 그 속에서 영생하도록 솟아나는
> 샘물(Fontes)이 되리라 요 4:14

　성경은 사람에게 영과 혼과 육체가 있다고 증거합니다. 사람에게는 세 가지 차원의 목마름이 있습니다. 육적으로 목마르면 시원한 물을 한 사발 들이켜면 해갈이 됩니다. 그러나 육적 목마름을 넘어 혼적 목마름이 있습니다. 이를 정신적, 정서적, 지적 목마름이라 하지요. 이 혼적 목마름을 채우고자 학문, 예술, 연애, 취미, 사업 등에 몰두합니다. 그러나 육적, 혼적 목마름이 충족되었다고 해도 채울 수 없는 더 깊은 목마름이 있습니다. 바로 모든 사람의 내면 깊은 곳에 잠재된 영원한 생명에 대한 목마름, 즉 영의 갈망입니다. 육적, 혼적 갈망이 충족되어도 영이 목마르면 하나님을 찾게 되어 있습니다. 사슴이 시냇물을 갈급하게 찾는 것처럼 사람도 영의 깊은 목마름이 있습니다. 영의 목마름이 있는 성도가 생수의 근원이신 주님을 간절히 구하고 찾습니다.

　창세기 49장은 야곱이 이스라엘 열두 지파의 조상이 될 자식들에게 남긴 유언입니다. 부모가 죽기 전에 자식들에게 하는 일반적인 유언이 아닙니다. 성령에 사로잡혀 하나님이 장차 하실 일을 예언한 것입니다.

> … 너희는 모이라 너희가 후일에 당할 일을 내가 너희에게 이르리라 창 49:1

성경은 예수님이 구세주임을 계시하는 책입니다. 그러므로 야곱의 유언 또한 영원한 생명을 주시는 생수의 근원이신 예수님을 중심으로 살펴보아야 합니다. 예수님은 야곱의 열두 아들 중 유다의 지파에서 태어납니다. 창세기 49장 17절에서 아들 단을 길섶의 뱀이요 샛길의 독사라고 말합니다. 말굽을 물어서 말 탄 자를 뒤로 떨어지게 할 자라고 합니다. 이것은 단을 조상으로 하는 단 지파가 뱀의 후손, 즉 적그리스도의 세력이 될 것에 대한 예언입니다. 창세기 3장 15절에서 여자의 후손으로 오실 구세주에 대한 예언을 성취하기 위해 단 지파가 악역을 맡게 될 것을 계시합니다. 주님이 타고 오실 흰 말(계 19장)의 말굽을 무는 길섶의 뱀, 샛길의 독사 같은 역할을 할 것이라는 예언입니다. 즉 야곱의 유언은 이스라엘 12지파를 통해 창세전부터 예비 된 예수님을 통한 구원 계획에 대한 청사진입니다.

요셉은 율법의 제사장 나라 야곱 족속에게 속하지 않고 예수님의 복음으로 이방인 구원을 위해 택함 받은 그릇입니다. 즉 야곱의 열두 아들 중 구원자 예수님 역할을 맡은 주인공이 요셉입니다. 요셉에 대한 야곱의 예언은 세 가지 차원으로 이해할 필요가 있습니다. 첫째, 야곱 족속 이스라엘과 요셉 족속 이방인의 남은 자들이 예수님 안에서 화목하게 될 것에 대한 예언입니다. 둘째, 장차 죄인들을 구원하기 위한 화목제물로 드려질 주님에 대한 예언입니다. 셋째, 생명나무 예수님께 믿음으로 접붙여져 부활의 열매를 맺을 수많은 성도에 대한 예언입니다. 그러므로 예수님의 그림자 요셉에 대한 야곱의 축복은 신약 성도인 우리에게도 적용되는 축복입니다.

사탄은 요셉이 야곱의 다른 아들과 달리 주님을 예표하는 택함 받은 그릇임을 잘 알고 있었습니다. 그래서 주님을 통해 이루실 하나님의 뜻을 대적하고자 형들의 시기심을 충동질하여 죽이려 했던 것입니다.

> 활쏘는 자가 그를 학대하며 적개심을 가지고 그를 쏘았으나 창 49:23

그러나 요셉은 활쏘는 자 사탄이 형들의 질투심을 충동질하여 저지른 죄에도 불구하고 전능자의 돕는 은혜로 승리합니다,

> … 이는 야곱의 전능자 이스라엘의 반석인 목자의 손을 힘입음이라 네 아버지의 하나님께로 말미암나니

> 그가 너를 도우실 것이요 전능자로 말미암나니 그가
> 네게 복을 주실 것이라 … 창 49:24-25

바울도 예수 안에서 하나님의 상속자로 부름받은 성도들이 원수의 불시험을 넉넉히 이길 수 있음을 선포합니다.

> … 만일 하나님이 우리를 위하시면 누가 우리를 대적
> 하리요 롬 8:31

> 그러나 이 모든 일에 우리를 사랑하시는 이로 말미암
> 아 우리가 넉넉히 이기느니라 롬 8:37

원수의 모든 불시험을 이겨낸 요셉이 받을 복에 대한 예언이 이어집니다. 이는 모든 시험을 이기고 부활의 첫 열매가 되신 예수님이 받으실 복에 대한 예언입니다. 또한 원수의 불시험을 믿음으로 이겨낸 연단 된 성도들이 받을 복에 대한 예언이기도 합니다.

첫째, 위로 하늘의 복과 아래로 깊은 샘의 복을 받을 것이라고 합니다. 죽음의 시험을 이기고 부활하신 예수님이 전능하신 아버지께 받은 복을 제자들에게 설명합니다.

… 하늘과 땅의 모든 권세를 내게 주셨으니 마 28:18

위로 하늘의 복과 아래로 깊은 샘의 복, 즉 하늘과 땅의 모든 것을 상속받는 권세, 상속자, 장자의 복을 주셨다고 합니다.

둘째, 젖먹이는 복과 태의 복을 받을 것이라고 합니다. 요셉은 애굽 제사장의 딸과 결혼하여 므낫세와 에브라임을 낳습니다. 창세기 48장을 보면 야곱은 요셉의 두 아들, 즉 두 손자를 자기 소유, 자기 자식들로 삼겠다고 합니다. 이후에 요셉을 통해 태어날 자녀들은 요셉의 소유라고 법을 정합니다. 이는 요셉에게 한 야곱의 축복대로 장차 예수님을 통해 하나님의 자녀들이 태어날 것을 예언한 것입니다. 주님은 젖과 같은 복음의 말씀으로 성도들을 먹이셨죠. 누구든지 예수를 믿는 자는 다 하나님의 자녀가 된다는 새 약속이 예수님을 통해 주어졌습니다. 새 약속의 주인공 예수님을 통해 하나님의 자녀들이 무수히 태어나는 태의 복이 성취됩니다.

셋째, 영원한 산이 한 없음 같이 이 축복이 요셉의 머리로 돌아갈 것이라고 합니다. 부활하신 주님이 만복의 근원이 되심으로 성취됩니다. 그렇다면 예수님의 예표인 요셉이 원수의 모든 불시험을 이기고 한량없는 복을 받게 된 비결이 무엇일까요? 그 비밀이 22절에 나옵니다.

> 요셉은 무성한 가지 곧 샘(Fontes) 곁의 무성한 가지라 그 가지가 담을 넘었도다 창 49:22

이 말씀에서 샘(Fontes)이라는 단어에 주목합시다. 모든 시험을 이기는 능력의 근원, 돕는 은혜의 근원이 이 샘에 있습니다. 요셉의 조상 아브라함, 이삭, 야곱 모두가 일생 동안 우물을 파는 삶을 살았습니다. 믿음의 조상들은 인생 노년에 브엘세바, 즉 맹세의 우물 도시에 살았습니다. 믿음의 조상님들이 노년에 거했던 브엘세바는 우리에게 어떤 교훈을 주고 있습니까? 하늘의 새 에덴 동산, 생명수의 강이 흐르는 하나님의 보좌까지 나아가라고 본을 보여주신 것입니다. 때를 따라 도우시는 은혜의 보좌까지 돕는 은혜를 받기 위해 담대히 나아가는 참된 경배자의 삶을 살라고 교훈합니다. 요셉도 믿음의 조상들처럼 여러 시험을 이기고 생수의 근원이신 하나님의 보좌, 생명 샘 곁에 심은 무성한 가지가 되었지요. 풍년의 때나 흉년의 때나 변함없이 생수의 근원으로 돌아간 것이 승리의 비밀입니다.

담장을 넘어 많은 생명을 구원한 샘 곁의 무성한 가지, 즉 요셉과 같은 성도의 삶을 시편은 이렇게 묘사합니다.

> 오직 여호와의 율법을 즐거워하여 그의 율법을 주야

로 묵상하는도다 그는 시냇가에 심은 나무가 철을 따
라 열매를 맺으며 그 잎사귀가 마르지 아니함 같으니
그가 하는 모든 일이 다 형통하리로다 시 1:2-3

전능자의 돕는 은혜로 풍성한 열매를 맺는 삶의 비밀은 시냇가에 심은 나무처럼 사는 것입니다. 은혜의 보좌까지 나아가는 지성소 예배자의 삶을 사는 것입니다. 하나님의 말씀을 즐거워하고 주야로 묵상하며 변함없이 열매 맺는 성도의 삶을 삽시다.

샘 곁의 많은 열매를 맺는 가지
18

배가 안전하게 항해하도록 배 밑바닥에 무거운 큰 돌, 쇳덩이, 많은 물을 싣습니다. 이를 밸러스트(ballast)라고 합니다. 고요한 바다에 큰 파도가 칠 때 이 묵직한 밸러스트가 배가 심하게 흔들리거나 전복되지 않도록 지켜 줍니다. 예수 그리스도는 인생의 바다를 안전하게 항해할 수 있도록 세상 끝날까지 우리 안에 거하시는 밸러스트가 되십니다. 사도행전 27장에서 바울은 로마에서 복음을 전하려고 지중해를 건널 때 근처 항구에서 겨울을 지내고 봄에 떠나자고 제안합니다. 대속죄일 즉, 온 이스라엘이 금식하는 절기가 지난 겨울은 유라굴로라는 태풍이 지중해에 자주 부는 시즌이기 때문입니다. 온 이스라엘이 죄를 회개하고 금식하는 대속죄일은 주님께서 지상에 재림하실 큰 환란의 때를 알려주는 절기입니다. 백부장, 선장, 선주는 주의 종의 경고의 말을 무시하고 항해를 강행합니다. 결국 유라굴로 태풍으로 다 바다에 빠져 죽게 될 큰 환란을 겪습니다. 이때 바울은 간절히 기도하던 중 천사가 전해 준 묵직한 밸러스트 같은 하나님의 음성을 듣게 됩니다.

> 바울아 두려워하지 말라 네가 가이사 앞에 서야 하겠고 또 하나님께서 너와 함께 항해하는 자를 다 네게 주셨다 하였으니 행 27:24

죽음의 공포에 사로잡혔던 탑승객 276명은 바울이 전해 준 천국 복음을 듣고 다 구원을 받습니다. 마지막 때 바울과 같은 그리스도의 마음을 품은 성도들을 통해 주님이 행하실 큰 구원의 예표입니다.

창세기 49장은 야곱이 죽기 전 예언의 영에 사로잡혀 이스라엘 열두 지파의 조상이 될 열두 아들에게 한 예언입니다. 이스라엘 열두 지파를 통해서 장차 오실 그리스도 안에서 이루실 큰 구원에 대한 예언입니다. 요한계시록 21, 22장은 십자가에서 피 흘리신 어린 양을 통해서 하나님의 큰 구원이 완성될 것을 보여줍니다. 믿음의 조상들과 그 믿음의 발자취를 따르는 후손들에게 주겠다고 어린 양의 피로 맹세하신 땅, 새 예루살렘 성벽 문에는 이스라엘 열두 지파의 이름이 있습니다. 또 새 예루살렘 기초석에는 어린 양의 열두 사도의 이름이 있습니다. 불 시험을 통해 보석같은 믿음으로 연단된 구약과 신약 성도들의 이름을 대표하여 열두 지파와 열두 사도의 이름를 통해 압축 파일로 보여준 것입니다. 이들이 다시 오실 어린 양의 아내, 그리스도와 한 몸 된 죄와 사망 권세를 이긴 교회, 새 예루살렘이 될 것입니다. 또 이 새 예루살렘의 보좌로부터 흐르는 생명수 강가에 심은 생명나무의 열두 가지에 달마다 많은 열매가 맺히는 비전을 보여줌으로 영원한 복음에 대한 계시가 끝납니다.

장자의 권리를 갖게 된 요셉에게 한 예언은 특히 더 중요합니다. 오실 어린 양의 죽음과 부활, 승천과 재림을 통해 유대인과 이방인의 많은 열매가 추수될 것에 대한 예언이기 때문입니다.

첫째, 야곱은 요셉이 샘 곁의 무성한 가지가 되어 담장을 넘을 것이라고 예언합니다. 요한복음 4장에서 주님은 사막 같이 메

마른 삶을 살았던 사마리아 여인에게 야곱이 판 우물가에서 샘물 같은 복음을 전합니다. 샘 근원이신 예수 그리스도를 늘 가까이할 때 많은 열매를 맺을 수 있다는 천국의 비밀을 알려주신 것입니다.

> 나는 포도나무요 너희는 가지라 그가 내 안에, 내가 그 안에 거하면 사람이 열매를 많이 맺나니 … 요 15:5

요셉은 구덩이에 던져졌을 때나, 노예로 팔렸을 때, 감옥에 갇힌 죄수가 되었을 때도 항상 형통했습니다. 그 이유는 그리스도의 영적 임재 안에 늘 거했기 때문입니다. 그런데 이 샘 곁의 무성한 가지 요셉으로부터 뻗어 나온 작은 가지들이 야곱의 집 담을 넘어 이방인들까지 구원의 열매를 맺게 하실 것을 알려줍니다. 바울은 이스라엘과 이방인을 끝까지 원수 되어 싸우게 하는 마귀가 세운 담이 화목제물이 되신 주님을 통해서 완전히 무너지게 될 것을 알려줍니다.

> 그는 우리의 화평이신지라 둘로 하나를 만드사 원수 된 것 곧 중간에 막힌 담을 자기 육체로 허시고 엡 2:14

둘째, 공중의 권세를 잡은 원수가 쏘는 불화살 같은 참소를 이기고 많은 생명을 구원하는 축복의 통로가 될 것을 예언합니다.

> 활쏘는 자가 그를 학대하며 적개심을 가지고 그를 쏘았으나 요셉의 활은 도리어 굳세며 그의 팔은 힘이 있으니 이는 야곱의 전능자 이스라엘의 반석인 목자의 손을 힘입음이라 창 49:23-24

이는 어린 양이 마귀가 적개심을 가지고 쏜 불화살에 맞아 죽지만 야곱의 전능자의 손을 힘입어 부활 승천하여 하늘의 보좌에 앉을 왕이 될 것에 대한 예언입니다. 바울은 치열한 영적 전쟁을 통과하는 성도들에게 원수가 쏘는 모든 불화살을 소멸하여 이기는 법을 더 구체적으로 알려줍니다.

> 모든 것(하나님의 전신갑주) 위에 믿음의 방패를 가지고 이로써 능히 악한 자의 모든 불화살을 소멸하고 구원의 투구와 성령의 검, 곧 하나님의 말씀을 가지라 엡 6:16-17

셋째, 하늘과 땅의 모든 복이 그 형제 중 뛰어난 자 요셉을 통해 주어질 것을 예언합니다. 이 예언도 약속대로 오실 주 예수 그리스도를 통해서 온전히 성취될 것입니다.

> 사람의 모양으로 나타나사 자기를 낮추시고 죽기까지 복종하셨으니 곧 십자가에 죽으심이라 이러므로 하나님이 그를 지극히 높여 모든 이름 위에 뛰어난 이름을 주사 하늘에 있는 자들과 땅에 있는 자들과 땅 아래(음부, 스올, 지옥)에 있는 자들로 모든 무릎을 예수의 이름에 꿇게 하시고 모든 입으로 예수 그리스도를 주라 시인하여 하나님 아버지께 영광을 돌리게 하셨느니라 빌 2:8-11

아모스 8장 11절에서 하나님은 마지막 때 사람들이 천국 복음을 먹지 않으려고 하기에 온 세상에 큰 흉년을 보낼 것이라고 합니다. 요셉이 해석해 준 바로의 꿈, 즉 주님이 다시 오실 칠 년 큰 흉년의 때 이 일이 일어날 것입니다. 그러나 샘 곁의 무성한 가지처럼 항상 샘 근원이신 그리스도를 가까이하기를 힘쓰는 성도들에게는 흉년의 때가 오히려 더 많은 생명을 구원하는 큰 기회의 때로 역전될 것입니다. 주님을 늘 가까이함으로 원수의 모든 불화살을 이긴 다윗은 풍성하게 열매 맺는 비밀을 더 구체적으로 알려줍니다.

> 오직 여호와의 율법을 즐거워하여 그의 율법을 주야로 묵상하는도다 그는 시냇가(샘 곁)에 심은 나무(가지)가 철을(여호와의 일곱 절기를) 따라 열매를 맺으며 그 잎사귀가 마르지 아니함 같으니 그가 하는 모든 일이 다 형통하리로다 시 1:2-3

하나님의 말씀을 즐거워하여 주야로 묵상하는 성도들이 샘 곁의 무성한 가지처럼 지속적인 열매를 맺는 축복의 통로가 될 것입니다.

창세기 49장 28-33절

28 이들은 이스라엘의 열두 지파라 이와 같이 그들의 아버지가 그들에게 말하고 그들에게 축복하였으니 곧 그들 각 사람의 분량대로 축복하였더라
29 그가 그들에게 명하여 이르되 내가 내 조상들에게로 돌아가리니 나를 헷 사람 에브론의 밭에 있는 굴에 우리 선조와 함께 장사하라
30 이 굴은 가나안 땅 마므레 앞 막벨라 밭에 있는 것이라 아브라함이 헷 사람 에브론에게서 밭과 함께 사서 그의 매장지를 삼았으므로

31 아브라함과 그의 아내 사라가 거기 장사되었고 이삭과 그의 아내 리브가도 거기 장사되었으며 나도 레아를 그 곳에 장사하였노라
32 이 밭과 거기 있는 굴은 헷 사람에게서 산 것이니라
33 야곱이 아들에게 명하기를 마치고 그 발을 침상에 모으고 숨을 거두니 그의 1)백성에게로 돌아갔더라

각 사람의 분량대로 축복하였더라!
19

부모는 자녀가 행복하기를 원합니다. 자녀를 축복하는 것은 부모의 사명입니다. 모든 영혼의 아버지이신 하나님도 자녀가 행복하기를 원합니다. 잠시 육체로 사는 동안의 행복이 아닙니다. 영원한 행복을 주시고자 자녀들에게 이렇게 살라고 말씀합니다.

> 나는 너희의 하나님이 되려고 너희를 애굽 땅에서 인도하여 낸 여호와라 내가 거룩하니 너희도 거룩할지어다 레 11:45

거룩하신 아버지께서 거룩하게 구별되게 사는 성도들에게 마침내 주시려는 복은 영생의 복입니다. 이를 위해 성자 하나님이신 예수님을 희생 제물로 삼으신 것입니다. 모든 시험을 넉넉히 이길 수 있는 능력은 십자가에 나타난 하나님 아버지의 자녀들을 향한 죽음을 이긴 사랑입니다.

창세기 49장은 아버지 야곱이 죽기 전 열두 아들에게 했던 축복의 기도입니다. 이때 야곱의 나이가 147세였습니다. 야곱은 약속의 땅으로 돌아올 때 천사와 씨름하다가 하늘에 계신 아버지께 새 이름을 받게 됩니다. 움켜쥐고 속이는 자라는 정체성을 벗고 이스라엘, 즉 이기는 자라는 새 정체성을 옷 입게 됩니다. 환난을 이기고자 기도의 씨름을 하던 중 육의 옷이 벗겨집니다. 예수의 영, 은혜의 새 옷이 입혀집니다. 성령의 새 옷을 입고 이기는 자라는 뜻의 새 이름으로 살게 됩니다. 죄와 사망 권세를 이기는 자인 예수님을 통해 하나님의 상속자들이 태어날 뜻이 새 이름에 숨겨져 있습니다.

이기는 자라는 새로운 자기 정체성을 갖게 된 야곱은 죽기 전에 두 가지 일을 합니다. 첫째, 죽었다가 살아난 아들 요셉이 애굽에서 낳은 손자인 에브라임과 므낫세를 축복합니다. 두 손자를 야곱의 소유로 삼습니다. 요셉은 아버지 야곱의 소유가 아닙니다. 하나님 아버지 소유로 드려져 야곱 집 담장을 넘어 열방 모든 민족을 구원하는 통로로 택한 그릇입니다. 둘째, 열두 아들을 축복합니다. 자손들이 잘되라는 부모의 육신적 기도가 아닙니다. 지혜와 계시의 성령께 사로잡혀 드린 예언적 기도입니다. 이스라엘 열두 지파에 대해 예언적 기도를 한 것입니다. 야곱 족속인 이스라엘과 요셉에게 속한 족속인 이방인을 구원하고자 하는 뜻을 알려주는 계시적 기도입니다.

하늘에서나 땅에서나 집안이 잘되려면 맏이가 중요합니다. 하나님의 집안도 장손이 중요합니다. 맏이는 조상들의 무덤이 있는 선산과 두 몫의 유산을 상속받습니다. 더하여 집안의 모든 대소사와 제사를 주관하는 제사장 역할을 맡습니다. 하나님 아버지의 소유가 된 백성, 왕 같은 제사장들은 하나님 아버지 집의 장자들을 말합니다. 요한은 하늘에 기록된 장자들의 모습을 소개합니다.

> 만국이 그 빛 가운데로 다니고 땅의 왕들이 자기 영광을 가지고 그리로 들어가리라 계 21:24

만왕의 왕께 왕권을 위임 받은 새 땅의 분봉왕들이 천국의 장자들입니다.

> … 많은 사람을 옳은 데로 돌아오게 한 자는 별과 같이 영원토록 빛나리라 단 12:3

많은 생명을 구원한 천국의 스타들이 하늘에 기록된 장자들입니다. 아버지 야곱의 기도를 보면 장남 르우벤은 혈통적 장자이지만 하늘에 기록된 장자들의 복을 받지는 못합니다. 야곱이 약속의 땅에 가족들과 함께 돌아왔을 때 르우벤이 아버지의 첩 빌하와 동침하는 죄를 범했기 때문입니다. 르우벤은 육체의 정욕을 제어하지 못하고 거룩의 약속을 깨뜨림으로 하나님 아버지 집 장자의 권세를 상실합니다. 르우벤은 모든 민족의 장자로 먼저 택함 받은 이스라엘이 장자의 권세를 빼앗길 것을 예표합니다.

거룩의 약속을 버린 혈통적 장자인 르우벤 대신 은혜로 택함 받은 넷째 아들 유다와 열한 번째 아들 요셉이 장자 역할을 분담합니다. 유다의 혈통으로 하나님 아버지 집의 참 장자이신 예수님이 사람으로 오십니다. 요한계시록 5장은 온 세상에 하나님의 심판과 구원을 집행할 장자 예수님에 대해 "유다 지파의 사자, 다윗의 뿌리, 일찍이 죽임을 당한 것 같은 어린 양"이라고 증거하고 있습니다.

야곱은 온 세상을 구원할 통치자 예수님이 넷째 아들 유다의 지파에서 태어날 것을 예언합니다.

> 규가 유다를 떠나지 아니하며 통치자의 지팡이가 그 발 사이에서 떠나지 아니하기를 실로가 오시기까지 이르리니 그에게 모든 백성이 복종하리로다 창 49:10

다시 오실 예수님의 혈통이 유다 지파입니다. 유다 지파는 야곱 족속의 장자 역할을 합니다. 더하여 요셉은 르우벤이 상실한 장자의 역할을 이방인 구원을 위해 감당합니다. 유다는 이스라엘 12지파 장자의 역할이고 요셉은 온 세상 모든 민족을 구원하는 장자, 즉 왕 같은 제사장의 역할입니다. 유다와 요셉은 이스라엘과 이방인 장자의 역할을 각각 분담하게 됩니다. 요셉은 창세전에 예수님 안에서 이방인 구원을 위한 장자로 택함 받았기에 야곱 족속 형들에 의해 사망에 넘겨졌던 것입니다. 죽음에서 살아난 요셉은 세상 임금 바로의 아버지가 됩니다. 요셉은 예수님의 고난과 영광을 보여 주는 예표입니다. 야곱은 성령으로 충만하여 요셉을 은혜의 분량대로 마음껏 축복합니다.

> 요셉은 무성한 가지 곧 샘 곁의 무성한 가지라 그 가지가 담을 넘었도다 창 49:22

요셉은 하늘의 보좌로부터 흐르는 생명 샘 곁에 심은 생명나무에 항상 믿음으로 연합되어 있었음을 알 수 있습니다. 요셉이 원수의 모든 불화살 시험을 넉넉히 이길 수 있었던 경건의 비밀이 여기에 있습니다. 예수님도 영생하도록 솟아나는 이 생명 샘의 권능으로 죄와 사망의 권세를 이기고 부활의 첫 열매가 되십니다. 빈 그릇에 한량없이 부어주시는 성령의 권능이 생명 샘물입니다.

25절에는 요셉에게 태의 축복도 더해질 것이라고 합니다. 애굽에서 낳은 두 아들 에브라임과 므낫세 말고 요셉이 또 다른 육신의 자손을 낳았다는 뜻이 아닙니다. 요셉을 통해 이방인 중에서 영생의 복을 누릴 하나님의 자녀들이 탄생한다는 뜻입니다. 요셉은 야곱의 집 담장을 넘어 열방의 구세주가 될 참 장자 예수님의 예표입니다. 2,000년 후 바울은 예수님을 통한 이방인과 야곱의 남은 자들을 구원하려는 하나님의 지혜를 깨닫고 압도됩니다.

> 깊도다 하나님의 지혜와 지식의 풍성함이여, 그의 판단은 헤아리지 못할 것이며 그의 길은 찾지 못할 것이로다 롬 11:33

아버지 야곱은 하늘에 계신 하나님 아버지께서 자신에게 맡긴 온전한 뜻을 다 이루고 죽습니다. 예수 그리스도를 통한 구원의 복을 이스라엘 12지파의 분량대로 축복하는 일입니다. 성도의 성공은 하나님께서 맡기신 뜻을 모두 이루는 것입니다. 이것이 이 땅에서 우리 삶의 목표가 되어야 합니다. 이를 위해서는 반드시 육의 옷이 벗겨져야 합니다. 육의 옷이 벗겨진 야곱은 성령의 권능을 힘입어 하나님의 뜻을 모두 이루고 죽습니다. 나그네 인생, 험악한 세월을 살았지만 야곱의 인생 황혼은 황금빛처럼 아름답습니다. 야곱은 더 이상 하나님의 눈을 속이고 움켜쥐려는 실패자가 아닙니다. 성령의 권능을 옷 입고 원수를 이기는 자, 곧 이스라엘로 죽었습니다. 우리도 정한 때가 되면 이 땅에 흔적을 남기고 죽을 것입니다. 어떤 흔적, 어떤 향기, 어떤 유산을 남기고 싶습니까? 야곱처럼 끝이 더 좋고 아름다운 삶의 유산을 남겼으면 좋겠습니다.

> 이들은 이스라엘의 열두 지파라 이와 같이 그들의 아버지가 그들에게 말하고 그들에게 축복하였으니 곧 그들 각 사람의 분량대로 축복하였더라 창 49:28

그런데 여기서 "아버지 야곱이 자기 아들을 축복하였더라!"라고 기록하지 않았습니다. "그들 각 사람의 분량대로"라고 말합니다. 야곱의 열두 아들 이스라엘 열두 지파의 조상들은 죄와 사망을 이기는 자 예수를 믿어 영생의 복에 참여하는 모든 사람을 의미합니다. 우리는 야곱의 후손인 이스라엘 유다의 혈통으로 오셔서 죽으시고 부활하신 예수님을 믿음으로 영생의 복에 참여하는 사람이 되었습니다. 야곱은 참 생명나무 예수님 안에서 이스라엘 열두 지파와 어린 양 열두 사도에게 속한 성도들 각 사람의 분량대로 축복하였다고 볼 수 있습니다.

놀라운 신비는 우리들이 이 세상의 시간과 공간을 초월하여 창세전에 예수 안에서 은혜로 택함 받았다는 사실입니다. 야곱에게 속한 유대인 성도들과 요셉에게 속한 이방인 성도들이 다 믿음으로 부활하신 예수님과 한 몸을 이루고 있습니다. 그러므로 주님과 한 몸의 지체가 된 우리들은 그리스도의 장성한 분량이 충만한 데까지 계속 자라야 합니다. 머리 되신 예수님까지 성장해야 합니다. 그리스도와 한 몸 된 지체로서 각자의 믿음의 분량, 십자가의 분량을 잘 감당하여 일평생 승리할 수 있기를 소망합니다. 영적 아비 바울은 이런 하늘 아버지의 뜻을 잘 알았기에 성도들에게 이렇게 권면합니다.

> 이는 성도를 온전하게 하여 봉사의 일을 하게 하며 그리스도의 몸을 세우려 하심이라 우리가 다 하나님의

아들을 믿는 것과 아는 일에 하나가 되어 온전한 사람을 이루어 그리스도의 장성한 분량이 충만한 데까지 이르리니 엡 4:12-13

우리가 먼저 자녀들에게 그리스도의 장성한 분량이 충만함을 보여야 하겠습니다. 영적 아비 야곱처럼 우리의 미래 세대를 하나님의 분량대로 축복하는 밑거름의 삶을 삽시다.

창세기 50장 15-21절

15　요셉의 형제들이 그들의 아버지가 죽었음을 보고 말하되 요셉이 혹시 우리를 미워하여 우리가 그에게 행한 모든 악을 다 갚지나 아니할까 하고
16　요셉에게 말을 전하여 이르되 당신의 아버지가 돌아가시기 전에 명령하여 이르시기를
17　너희는 이같이 요셉에게 이르라 네 형들이 네게 악을 행하였을지라도 이제 바라건대 그들의 허물과 죄를 용서하라 하셨나니 당신 아버지의 하나님의 종들인 우리 죄를 이제 용서하소서 하매 요셉이 그들이 그에게 하는 말을 들을 때에 울었더라

18 그의 형들이 또 친히 와서 요셉의 앞에 엎드려 이르되 우리는 당신의 종들이니이다
19 요셉이 그들에게 이르되 두려워하지 마소서 내가 하나님을 대신하리이까
20 당신들은 나를 해하려 하였으나 하나님은 그것을 선으로 바꾸사 오늘과 같이 많은 백성의 생명을 구원하게 하시려 하셨나니
21 당신들은 두려워하지 마소서 내가 당신들과 당신들의 자녀를 기르리이다 하고 그들을 간곡한 말로 위로하였더라

믿음의 정상에 서서
20

　수년 전 성지순례를 다녀온 적이 있습니다. 그곳에서 가장 인상적이었던 순간은 바로 시내산을 오를 때였습니다. 새벽 1시에 일어나 몇 시간 동안 밤길을 걸어 올라갔습니다. 가이드는 정신 바짝 차리고 걷지 않으면 길이 아닌 곳으로 가다가 떨어져 죽을 수도 있다고 겁을 주었습니다. 실제로 그런 일이 있었다고 하는데 진짜인지는 모르겠지만 딴짓하지 말라고 으름장을 주는 것이 분명했습니다. 깜깜한 산길을 랜턴 불빛에 의지하여 오르고 또 올랐습니다. 몇 시간을 그렇게 올라가도 정상은 나타나지 않았습니다. 간간이 낙타를 타고 산길을 오르는 사람들이 있었는데 높은 낙타를 타고 올라가는 것이 더 무서울 것 같았습니다. 몇 시간을 땀 흘리며 올라갔더니 드디어 산 정상에 도착했습니다.

시간을 맞추어 올라가서 그런지 정상에 도착하니 태양이 떠오르면서 햇살이 어둠의 커튼을 조금씩 밀어내고 있음을 느낄 수 있었습니다. 얼마 지나지 않아 아침 햇살에 빛나는 황금빛 돌산이 장엄한 모습을 드러내는데 참 장관이었습니다. 우리가 밤새도록 걸어 올라온 길들이 저만큼 까마득하게 보였습니다. 함께한 순례객 사이에서 자연스럽게 찬양이 울려 퍼졌습니다.

> 참 아름다워라 주님의 세계는 저 솔로몬의 옷보다 더 고운 백합화 주 찬송하는 듯 저 맑은 새소리 내 아버지의 지으신 그 솜씨 깊도다 참 아름다워라(찬478장)

저는 시내산 정상에서 마치 모세라도 된 듯한 기분으로 "야호" 대신에 "주여, 주여"를 몇 번이고 목 놓아 불렀습니다. 드디어 정상에 올랐습니다.

물론 정상의 감격과 환희는 잠깐입니다. 그러나 정상을 밟는 것과 그렇지 못한 것은 분명한 차이가 있습니다. 정상이 주는 유익 중의 하나는 성취감입니다. "내가 드디어 목표를 이루었다!

고생스럽고 힘들었지만 해냈다!"는 성취감이 중요합니다. 또 하나의 유익은 그동안 올라온 길들을 내려다보면서 자신이 올라왔던 길의 위치와 모습을 전체적으로 확인할 수 있습니다. 그리고 마지막으로 홀가분한 기분을 느낄 수 있습니다. 내려가는 길이 남아있지만 정상을 밟은 뒤이기에 대부분의 하산길이 한결 여유가 있고 편안합니다.

요셉도 드디어 믿음의 정상에 올랐습니다. 본문 창세기 50장 20절은 정상에 오른 요셉이 믿음으로 외치는 "야호"와 같은 함성의 말씀입니다.

> 당신들은 나를 해하려 하였으나 하나님은 그것을 선으로 바꾸사 오늘과 같이 많은 백성의 생명을 구원하게 하시려 하셨나니 창 50:20

믿음의 정상에서 요셉이 외친 고백은 다름 아닌 자신의 인생을 향한 하나님의 섭리와 역사하심이었습니다. 믿음의 정상에 서서 하나님과 함께 지나온 길들을 내려다보니 이제는 하나님의 뜻과 섭리를 환히 다 알 것 같았습니다. 형들에게 미움을 받아 버려진 사건, 친위대장 보디발의 집에서 고생했던 것, 감옥에 갇혔던 것, 갑자기 발탁되어 애굽의 국무총리가 된 것, 기근으로 형들이 자신을 찾아온 사건, 그 모든 것이 하나님의 꿈, 하나님의 섭리 속에서 다 꿰어졌습니다. 우연히 일어난 것 같은 사건들을 정상에서 바라보니 다 하나님의 은혜였습니다. "모든 것이 은혜로다" 믿음의 정상에 선 사람의 고백입니다.

요셉이 어떤 생각이 들었을까요? '아, 내가 형들에게 미움받아 구덩이에 빠졌을 때는 이제는 죽었구나 싶었는데, 여기서 보니까 그때도 하나님이 나와 함께하셨구나. 보디발의 아내가 유혹할 때 내가 그 유혹을 뿌리쳤지. 쉽지 않은 유혹이었지만 거절하길 정말 잘했지. 감옥에서 풀려난 술 맡은 관원장이 나를 잊어버렸을 때는 정말이지 하나님도 나를 잊어버리신 줄 알았지. 그러나 은혜의 높은 곳에서 내려다보니 다 하나님이 함께하셨구나! 하나님이 나를 인도하셨구나!' 이러한 고백을 했던 신약의 사람이 바로 사도 바울이었습니다. 바울은 고린도전서 15장 10절에서 이런 고백을 합니다. "나의 나 된 것은 하나님의 은혜로 된 것이니" 믿음의 정상에 선 사람이 할 수 있는 고백인 것입니다.

우리를 향한 하나님의 꿈과 경륜을 깨닫기 위해서는 높은 곳으로 올라가야 합니다. 사도 바울도 삼층천 높은 하늘나라로 올려졌기에 그 누구보다도 천국의 실상과 자신의 사명을 분명히 깨달을 수 있었습니다. 때때로 꿈을 향한 믿음의 여정에서 성령님은 우리로 하여금 하나님의 높은 차원에서 우리의 삶을 바라볼 수 있도록 도와주십니다. 그래서 성령님과 함께 은혜의 높은 차원으로 날아오르는 것이 중요합니다. 아직은 우리의 현실에서 믿음의 정상까지 나아가지 못하였다 하더라도 믿음의 여정, 그 과정에서 때때로 성령으로 충만하여져 삶의 의미와 믿음의 좌표를 발견하는 것이 참으로 중요합니다. 성령으로 충만해진다는 것은 위치로 말하면 영적으로 높은 곳으로 들리는 것을 의미합니다. 그래서 저는 성령 충만이라는 표현도 좋아하지만 성령께서 하나님의 높은 차원으로 이끌어 주시기를 기도할 때가 있습니다. "주여 제 영을 주의 높은 곳으로 들어 올려 주시옵소서." 높은 곳에서 내려다보면 홀연히 모든 것이 한눈에 깨달아지거든요.

우리 교회로 부임하기 직전 미국에서의 1년은 제 사역에서 참 힘들고 어려운 시기였습니다. 사모와 제가 교회의 독특한 문제로 마음고생을 많이 할 때였습니다. 그때 사모가 저에게 이런 말을 하더군요. "우리가 겪고 있는 이 어려움은 분명 앞으로의 사역을 위한 좋은 예방주사가 될 거예요." 그렇게 믿고 격려해 주는 사모가 참 고마웠습니다. 믿음의 고백을 드리며 함께 기도했습니다. "하나님 우리가 지금 겪고 있는 이 힘든 일들이 앞으로의 사역을 위한 좋은 예방주사가 되게 하여 주옵소서." 돌아보면 그 시간이 저에게나 사모에게 분명 힘든 시간이었지만 교회를 더 깊이 이해하고 사역에 대한 더 깊은 지혜를 얻을 수 있었던 훈련의 시간이기도 했습니다. 그때 우리 가족들이 함께 즐겨 불렀던 찬양이 바로 이것입니다.

> 주 품에 품으소서 능력의 팔로 덮으소서 거친 파도 날 향해 와도 주와 함께 날아오르리 폭풍 가운데 나의 영혼 잠잠하게 주 보리라 주 품에 품으소서

백 번도 넘게 불렀던 것 같습니다. 하나님 은혜의 높은 차원으로 이끌어 달라고 고백하면서 손을 흔들고 울면서 반복하여 찬송하였던 기억이 있습니다. 은혜의 높은 차원으로 나아가게 될 때 상황은 여전히 힘들고 어렵지만 하나님의 섭리를 깨닫게 되고 하나님의 도우심을 덧입을 수 있게 되는 것입니다. 영적으로 높은 차원에 이르게 될 때 우리 믿음의 좌표와 위치를 확인할 수 있습니다.

요셉이 믿음의 정상에서 발견하게 된 하나님은 "역전의 하나님"이었습니다. 본문 20절에 "당신들은 나를 해하려 하였으나 하나님은 그것을 선으로 바꾸사"라고 나옵니다. 마찬가지로 예수

님께서 십자가의 죽음의 저주를 바꾸사 구원의 길, 부활의 새 길을 열어 주신 것도 역전의 하나님의 작품입니다. 하나님의 승부수가 더 감격이 있고 드라마틱한 것은 역전의 하나님, 선한 것으로 바꾸시는 하나님의 역사 때문입니다.

피카소의 유명한 조각 작품 중에서 "소머리"라는 작품이 있습니다. 그 작품의 재료는 소머리처럼 생긴 버려진 자전거의 안장과 자전거의 굽어진 핸들이 전부였습니다. 그런데 거장의 손에 그 버려진 자전거가 들리니 누구도 생각하지 못한 세계적인 예술작품으로 거듭났습니다. 우리 인생에서 기억하기 싫을 정도의 힘들고 고통스러운 사건들과 경험조차도 하나님께 드려지면 하나님은 그것을 선으로 바꾸십니다. 아이의 손에 들린 보잘것없는 보리떡 다섯 개와 물고기 두 마리의 도시락도 주님께 드려지니 오천 명 이상을 먹이고도 남는 생명 양식으로 사용이 됩니다.

KBS의 다큐멘터리 중에 "인간극장"이라는 프로그램이 있습니다. 어떤 때는 그 프로그램을 보면서 하염없이 눈물을 흘릴 때도 있습니다. 많은 감동과 도전을 주는 주인공들은 다 한결같이 너무 힘들고 어려운 환경 속에서도 꿋꿋하게 살아가는 모습을 보여 주었습니다. 성경 속에서 우리에게 가장 많은 감동을 주는 대표적인 인물을 들라면 누구를 들 수 있을까요? 비교적 평탄한 삶을 살았던 이삭이 아닙니다. 디모데도 아닙니다. 물론 하나님이 주시는 축복으로서의 평탄한 삶이 나쁜 것은 아니지요. 축복입니다. 그러나 때로는 참 어렵고 힘든 고난이 많은 분들이 있지요. 대표적으로 지금 우리가 살펴보고 있는 요셉이 그렇고 모세도 얼마나 기구한 삶입니까? 다윗과 사울 바울도 그렇습니다. 물론 예수님도 그렇습니다. 특징이 무엇입니까? 인생 역전이 일어났습니다. 하나님이 그들 삶의 고난과 고통, 시련을 극복하고 승화시켜서 하나님의 큰 역사를 위하여 사용하셨습니다. 그들이 겪고 있는 모든 힘든 경험을 하나님은 약재료로 사용하신다는 것이죠.

그러나 어떤 분은 이런 말씀을 하실지 모르겠습니다. "목사님 다른 사람들은 몰라도 우리 아들 문제는, 우리 가정의 문제는, 내 문제는 역전되기 어렵습니다. 불가능합니다." 여러분, 십자가에 못 박혀 돌아가신 예수님을 부활케 하신 하나님의 부활의 능력, 역전의 능력을 믿습니까? 죽었는데도 살려내셨습니다. 여러분 죽었습니까? 끝났습니까? 무덤 속에 들어가지는 않았잖아요? 선으로 바꾸시는 하나님을 향한 우리 믿음이 작아진 것이 아닐까요? "너희가 겨자씨만 한 믿음이 있다 하여도 이 산을 여기서 저기로 옮기우라 하면 옮겨질 것이요" 이 하나님의 역전의 드라마가 어떤 때는 순식간에 일어나기도 합니다. 어떤 경우에는 요셉처럼 오랜 세월, 또는 한평생이 걸릴 수도 있습니다. 그러나 중요한 것은 역전하시는 하나님을 향한 우리의 분명한 믿음의 고백입니다.

여러분의 인생에 더 깊은 골짜기가 있다면 내가 올라가야 할 믿음의 정상이 그만큼 높기 때문이라고 생각하십시오. 골짜기가 깊으면 산이 높은 법입니다. 포기하지 마시고 믿음의 정상까지 올라가 요셉처럼 그 모든 것을 선으로 바꾸시는 역전의 하나님의 은혜를 고백하고 선포합시다.

> 당신들은 나를 해하려 하였으나 하나님은 그것을 선으로 바꾸사 오늘과 같이 많은 백성의 생명을 구원하게 하시려 하셨나니 창 50:20

사랑하는 여러분, 우리가 믿는 하나님은 꿈꾸시는 하나님이십니다. 우리가 믿는 하나님은 우리로 꿈꾸게 하시는 하나님입니다. 우리가 믿는 하나님은 그 하나님의 꿈을 이루게 하시는 하나님입니다. 우리가 믿는 하나님은 하나님의 꿈을 위하여 모든 것을 선으로 바꾸시는 하나님이십니다.

창세기 50장 17-26절

17 너희는 이같이 요셉에게 이르라 네 형들이 네게 악을 행하였을지라도 이제 바라건대 그들의 허물과 죄를 용서하라 하셨나니 당신 아버지의 하나님의 종들인 우리 죄를 이제 용서하소서 하매 요셉이 그들이 그에게 하는 말을 들을 때에 울었더라

18 그의 형들이 또 친히 와서 요셉의 앞에 엎드려 이르되 우리는 당신의 종들이니이다

19 요셉이 그들에게 이르되 두려워하지 마소서 내가 하나님을 대신하리이까

20 당신들은 나를 해하려 하였으나 하나님은 그것을 선으로 바꾸사 오늘과 같이 많은 백성의 생명을 구원하게 하시려 하셨나니

21 당신들은 두려워하지 마소서 내가 당신들과 당신들의 자녀를 기르리이다 하고 그들을 간곡한 말로 위로하였더라

22 요셉이 그의 아버지의 가족과 함께 애굽에 거주하여 백십 세를 살며
23 에브라임의 자손 삼대를 보았으며 므낫세의 아들 마길의 아들들도 요셉의 슬하에서 양육되었더라
24 요셉이 그의 형제들에게 이르되 나는 죽을 것이나 하나님이 당신들을 돌보시고 당신들을 이 땅에서 인도하여 내사 아브라함과 이삭과 야곱에게 맹세하신 땅에 이르게 하시리라 하고
25 요셉이 또 이스라엘 자손에게 맹세시켜 이르기를 하나님이 반드시 당신들을 돌보시리니 당신들은 여기서 내 해골을 메고 올라가겠다 하라 하였더라
26 요셉이 백십 세에 죽으매 그들이 그의 몸에 향 재료를 넣고 애굽에서 입관하였더라

내 유골을 메고 올라갈 것을 맹세하라!
21

　90이 넘은 노부부의 집 옆에 젊은 부부가 이사를 왔습니다. 며칠이 지나자 이 젊은 부부의 싸우는 소리가 들립니다. 어떤 날은 살림살이가 깨지는 소리까지 났습니다. 참다 참다 할아버지가 나서려 하니 할머니가 한마디합니다.

　"우리도 왕년에 많이 싸우지 않았소! 가마이 나뚜소! 때가 되면 다 뒈집니다. 가마이 나뚜소! 때가 되면 다 뒈집니다."

이 할머니는 선각자입니다. 오늘이 마지막 날이라고 생각하며 삽시다. 많이 베풀고 축복하며 삽시다. 한 번 죽는 것은 모든 사람에게 정해진 것입니다. 그 후에는 심판이 있습니다. 생명의 근원에서 끊어져 영원토록 형벌 받는 심판을 둘째 사망이라 합니다. 그래서 창세전에 아버지의 품에 계셨던 독생자를 보내셔서 우리를 대신해 죽으심으로 영생의 길을 열어주신 겁니다. 영생의 열쇠는 주 예수 그리스도를 아는 지식에 있습니다.

> 영생은 곧 유일하신 참 하나님과 그가 보내신 자 예수 그리스도를 아는 것이니이다   요 17:3

그런데 영생에 대해 다른 생각을 하는 사람도 많습니다. 그 중 한 사람이 천재 과학자 커즈 와일입니다. 그는 오스트리아계 유대인으로서 현재 76세입니다. 그는 약 20년 후인 2045년이 되면 인공 지능과 로봇이 모든 사람의 능력을 뛰어넘을 것으로 예측했습니다. 인류 역사상 특이한 일이 2045년에 일어날 것으로 보고 이 시점을 특이점이라 했습니다. 그는 첨단 지식이 이 특이점에 도달할 때 사람들이 영생할 수 있으리라 믿고 있습니다. 이 믿음대로 일 년에 약 11억 원을 지출하여 몸에 좋은 알약을 매일 백 알 넘게 복용한다고 합니다. 20년 동안 220억만 투자하면 혹시 영생할 수 있을지도 모릅니다.

창세기 50장은 믿음의 조상 야곱과 많은 생명을 보존하고 구원한 요셉의 죽음과 장례 이야기입니다. 창세기는 생명 창조로 시작하여 죽음으로 마칩니다. 야곱과 요셉의 죽음과 장례를 통해 하나님은 우리에게 무슨 말씀을 하시려는 걸까요? 하늘에서 내려온 생명의 떡과 이스라엘과 이방인 성도들이 한 떡덩이가 될 것에 대한 말씀입니다. 야곱의 죽음은 율법을 맡은 제사장, 즉 이스라엘 성도의 죽음을 대표합니다. 요셉의 죽음은 복음을 맡은 제사장, 즉 이방인 성도의 죽음을 대표합니다. 율법의 말씀이 육체가 되어 우리 가운데 거했습니다. 율법의 말씀이 죽고 부활하여 복음의 말씀, 즉 하늘에서 온 영생의 떡이 됩니다. 예수님의 말씀이 영생을 주시는 생명의 떡입니다.

이스라엘(야곱 족속)과 이방인(요셉 족속), 이 둘이 한 성령 안에서 아버지께 나아가는 것이 하나님의 꿈입니다. 예수님의 십자가를 통해 둘이 한 떡덩이로 하나님께 드려질 수 있도록 화목케 하신 겁니다. 바울은 이를 이렇게 설명합니다.

> 또 십자가로 이 둘을 한 몸으로 하나님과 화목하게 하려 하심이라 원수 된 것을 십자가로 소멸하시고 엡 2:16

야곱에게 속한 형들이 요셉을 죽이려다가 노예로 팔지 않았습니까? 가족이 아니라 원수입니다. 만약 우리가 가족으로부터 이런 배신을 당해 고난을 겪는다면 어떤 마음을 품을 것 같습니까? 에서와 같이 육신의 생각을 따라 앙심을 품고 복수하고 싶을 겁니다. 죽이고 싶을 겁니다. 끝없이 원수를 만들어 물고 뜯고 싸우고 죽이는 것이 이 세상입니다. 지금도 전 세계에서 예사로 일어나고 있는 일들입니다. 세상에는 원수들이 넘칩니다. 혹 두려움과 미움, 분노와 억울함의 감옥에 갇혀 자신을 파괴하는 삶을 살고 있지는 않습니까? 자기를 파멸시키는 육신의 생각은 이간질의 귀재가 주는 생각입니다. 하나님과 원수가 되게 하는 생각입니다. 가장 자비하신 아버지께서 주시는 성령의 생각은 생명과 평안입니다. 그래서 요셉보다 더 큰 배신과 고난을 겪은 주님의 마음을 반드시 본받아야 합니다.

너희 안에 이 마음을 품으라 곧 그리스도 예수의 마음이니 빌 2:5

주님의 쉬운 멍에를 메고 주님께 배울 때 비로소 우리 마음이 쉼을 얻습니다. 요셉은 장차 화목제물이 되기 위해 오실 예수님의 예표로 자신이 택함을 받았다는 사실을 깨닫게 됩니다. 13년

간 늘 함께했던 말씀의 맷돌에 육신적 자아가 으깨지고 갈려 고운 가루가 될 때 깨달았습니다. 우리의 육적 자아가 말씀의 맷돌에 곱게 갈려 가루가 될 때 화목제물이 되신 주님의 심정을 깨닫게 됩니다. 고운 가루가 된 요셉은 형들 때문에 받은 깊은 상처를 예수 안에서 완전히 다르게 해석합니다.

> 당신들은 나를 해하려 하였으나 하나님은 그것을 선으로 바꾸사 오늘과 같이 많은 백성의 생명을 구원하게 하시려 하셨나니 창 50:20

하나님의 상속자들은 십자가의 고난을 통해 주님의 마음을 배우게 됩니다. 사람들의 죄와 허물을 정죄하는 자가 아니라 화목케 하는 말씀을 맡은 자로 훈련됩니다. 인생의 깊은 상처를 치유 받은 후 많은 사람들을 살리는 하나님의 상속자로 쓰임 받게 됩니다. 마침내 정죄의 직분을 맡은 야곱 족속이 화목케 하는 복음을 맡은 요셉 앞에 엎드려 절합니다. 17세 때 꾼 꿈대로 요셉이 묶은 곡식단이 일어서고 형들이 묶은 곡식단들이 엎드려 절한 것입니다. 이 꿈은 마지막 추수 때 다시 오실 주님과 한 몸으로 묶인 처음 익은 곡식단이 일어서고 나중에 추수된 곡식단들이 엎드려 절함으로 성취될 것입니다.

믿음의 조상 야곱의 시신을 미라로 만들기 위한 향 처리에 사십일이 걸렸습니다. 또 애굽 사람들이 칠십 일간 곡했다고 합니다. 여호와의 일곱 절기의 시간표를 따라 추수가 계속되고 있습니다. 지금은 2,000년 전 오순절에 이른 비 성령이 부어진 후 여름 이방인 추수의 막바지 때입니다. 이스라엘의 남은 자 나오미를 섬기기 위해 오순절 날 주인의 밭에서 열심히 추수 일을 했던 이방인 룻처럼 살아야 할 때입니다. 추수하는 날 주인의 마음을 시원케한 얼음냉수 같은 룻과 같은 성도들이 어린 양의 공중 혼인잔치에 참여하게 될 것입니다.

이스라엘의 남은 열매들을 추수하는 가을이 다가오고 있습니다. 가을 추수를 준비하도록 요엘을 통해 약속한 늦은 비 성령이 부어질 것입니다. 때를 따라 적당하게 내리는 성령의 단비 덕분에 잘 익은 열매들로 성장할 것입니다. 주인의 추수를 돕는 충성된 일꾼들이 되어야 합니다.

야곱의 장례식은 애굽 국가장이었습니다. 애굽 제국 지도자들이 요셉과 야곱의 온 집과 함께 약속의 땅으로 올라갑니다. 약 400년 후 일어날 제1의 출애굽과 요한계시록 15장의 마지막 추수 때 일어날 제2의 출애굽에 대한 리허설입니다. 이때 약속의 땅에 들어가지 못하고 환난 날의 피난처 고센 땅에 남겨둔 자는 하나님의 가족들 중 어린 아이들이었습니다. 장차 육에 속한 어린

아이 같은 성도들이 피난처에서 양육을 받은 후 추수될 것에 대한 암시입니다. 생명과 사망, 영생과 영벌의 경계인 요단강의 건너편, 즉 약속의 땅에 들어간 자들이 타작마당에서 크게 웁니다. 그리스도의 예표인 요셉을 위해 타작마당에서 칠 일간 애곡합니다. 장차 이 세상 밭이 타작마당같이 변할 때 땅에 거하는 자들을 향한 주님의 통곡입니다. 야곱의 시신은 아브라함이 값 주고 산 마므레 앞 막벨라 굴에 장사됩니다.

야곱 장례 후 요셉도 110세로 죽습니다. 요셉은 남은 형제들에게 유언을 남깁니다. "하나님이 당신들을 돌보시고 믿음의 조상들에게 맹세한 땅에 반드시 들어가게 하실 겁니다." 약속의 땅은 옛 역사로 보면 지금 전쟁 중인 가나안 땅입니다. 새 창조에 속한 새 땅으로 보면 죄와 사망이 없는 천국 영토를 말합니다. 믿음을 지킨 성도들을 주님이 반드시 돌보시고 천국으로 들어가게 하실 것입니다. 십자가에서 피로 맹세하신 대로 반드시 이루실 것입니다. 요셉의 시신은 향 재료를 넣은 미라가 되어 애굽 땅에 입관됩니다. 요셉은 자신이 천국에 들어갈 것을 굳게 믿었기에 반드시 자기 해골을 메고 약속의 땅에 들어가도록 맹세를 시킵니다. 약 400년 후 제1의 출애굽 때 모세는 이 맹세대로 요셉의 해골을 메고 나갑니다. 이는 골고다(해골의 곳)에서 화목제물로 피 흘린 주님의 은혜로 구원 받았음을 알려주는 사건입니다. 40년 광야 훈련 후 출애굽 2세대들이 여호수아와 함께 요단강을 건너 가나안 땅을 정복합니다. 약속의 땅을 믿음으로 취한 후 여호수아가 요셉의 해골을 야곱이 값 주고 산 세겜에 장사합니다.

> 또 이스라엘 자손이 애굽에서 가져 온 요셉의 뼈를 세겜에 장사하였으니 이곳은 야곱이 백 크시타를 주고 세겜의 아버지 하몰의 자손들에게서 산 밭이라 그것이 요셉 자손의 기업이 되었더라 수 24:32

야곱의 시신은 막벨라 굴에 요셉의 해골은 세겜에 안치됩니다. 이스라엘과 이방인 성도들이 죽은 후 아브라함의 품과 셋째 하늘의 낙원에서 쉬다가 부활할 것을 의미합니다. 이스라엘이든 이방인이든 누구든지 그리스도 안에 있으면 새로운 피조물로 부활합니다. 예수 안에 있는 영생과 천국의 소망을 굳게 붙잡고 항상 주의 일에 더욱 힘쓰시길 축원합니다.

> 그러므로 내 사랑하는 형제들아 견실하며 흔들리지 말고 항상 주의 일에 더욱 힘쓰는 자들이 되라 이는 너희 수고가 주 안에서 헛되지 않은 줄 앎이라 고전 15:58

출애굽기 13장 17-19절

17 바로가 백성을 보낸 후에 블레셋 사람의 땅의 길은 가까울지라도 하나님이 그들을 그 길로 인도하지 아니하셨으니 이는 하나님이 말씀하시기를 이 백성이 전쟁을 하게 되면 마음을 돌이켜 애굽으로 돌아갈까 하셨음이라

18 그러므로 하나님이 홍해의 광야 길로 돌려 백성을 인도하시매 이스라엘 자손이 애굽 땅에서 대열을 지어 나올 때에

19 모세가 요셉의 유골을 가졌으니 이는 요셉이 이스라엘 자손으로 단단히 맹세하게 하여 이르기를 하나님이 반드시 너희를 찾아오시리니 너희는 내 유골을 여기서 가지고 나가라 하였음이더라

믿음의 유산을 남깁시다
22

　세계적인 부자 록펠러를 아실 것입니다. 지난 2001년에 그랜트 시걸이라는 사람이 지은 『세계 최고의 부자 록펠러』라는 책은 신앙의 관점에서 록펠러의 삶을 다룬 책입니다. 그 책에는 록펠러 살아생전에 어떤 기자와 나누었던 대담을 기록해 놓고 있습니다.

　"록펠러 회장님, 지금까지 회장님은 오랫동안 세계 최고의 부자로 살고 계시는데, 이렇게 성공하게 된 비결이 무엇입니까?"

"나는 부모님, 특히 어머니로부터 세 가지 신앙의 유산을 받은 것이 비결이라고 생각합니다. 첫 번째 신앙의 유산은 십일조 생활이고, 두 번째로는 교회에 가면 맨 앞자리에 가서 예배를 드리는 것입니다. 맨 앞자리에 앉아야 목사님의 설교에 온전히 집중할 수 있기 때문입니다. 그리고 세 번째는 교회를 다닐 때 교회의 일에 순종하고, 목사님의 마음을 아프게 하지 말라는 어머니의 가르침 때문입니다."

여러분은 자녀들에게 어떤 유산을 물려주고 싶으십니까? 최고의 유산은 재산을 물려주는 것이 아닙니다. 바로 정신적인 유산, 신앙의 유산을 물려주는 것입니다. 사도 바울의 제자인 디모데를 보세요. 외할머니 로이스와 어머니 유니게의 신앙의 유산을 잘 이어받은 사람이었습니다. 좋은 신앙의 유산을 물려받은 디모데였기에 초대교회의 그 힘든 여건 속에서도 사도 바울이 가장 사랑했던 믿음의 후계자가 될 수 있었습니다. 믿음의 명문 가정이란 다른 것이 아닙니다. 대대손손 자녀들에게 좋은 신앙의 유산을 물려주는 가정이라고 할 수 있습니다. 우리 교회에도 보면 3대, 4대째 좋은 믿음의 전통을 이어가고 있는 가정을 볼 수 있습니다. 믿음의 명문 가정이라고 생각합니다. 그것은 부러움을 살 만한 유산이요, 축복입니다.

우리 교회는 수요, 금요예배나 하영인 새벽기도 기간에 부모가 어린 자녀들과 함께 예배드리는 가정을 많이 보게 됩니다. 새벽기도 때는 아이들을 너무 고생시키는 것 아닌가 생각할 수 있지만 세상에 공짜는 없다고 생각합니다. 분명히 하나님께서 그 부모의 마음을 받으셨다고 생각합니다. 신앙의 유산은 이와 같이 평소에 노력함을 통하여 자녀들에게 나누어져야 합니다.

그런데 자손들에게 신앙의 유산을 물려주려고 해도 물려줄 만한 부모의 신앙이 없으면 안 되겠지요. 단지 예수 믿고 교회 다녀야 한다는 잔소리를 하는 것이 신앙의 유산을 물려주는 것은 아닙니다. 자녀들에게 좋은 신앙의 유산을 물려주려면 부모의 믿음이 자녀들에게 인정을 받는 것이 중요합니다. 저희 아이들이 어릴 때 식사하다가 한 번은 아이들 앞에서 제가 불평을 한 적이 있습니다. 그러자 큰 놈이 "아빠! 하나님께 감사의 생활을 해야지 불평하면 안 돼요." 그러는 것입니다. 깜짝 놀랐습니다. 아이들이 부모의 신앙생활하는 모습을 다 보고 있습니다. 교회 안에서 신앙의 모습을 보이는 것은 어렵지 않습니다. 그러나 문제는 집에서 부모의 모습입니다. 아이들은 본대로 영향을 받습니다.

이런 차원에서 볼 때 요셉의 삶은 그 후손들에게 아주 깊은 영향력을 발휘했을 것입니다. 요셉이 애굽으로 팔려 가고, 노예가 되고, 감옥살이를 한 모든 세월을 자녀들이나 집안의 자손들이 다 알게 되었을 것입니다. 감출 수가 없지요. 형제들에 의하여 팔려 갔지만 요셉은 그것을 하나님의 은혜와 섭리로 해석하고 있습니다. 원수와 같은 자기 형제들을 용서하고 화평하게 지냅니다. 그뿐만 아니라 애굽 나라에서도 요셉은 나라를 잘 다스렸던 존경받는 지도자로 인정을 받았습니다. 지금 성경을 통하여 요셉의 삶을 살펴보아도 매력을 느끼게 되고 본받고 싶은 마음이 생기지 않습니까? 하물며 직접 요셉과 함께 사는 자녀들이나 가족들이 어떻게 좋은 영향력을 안 받을 수가 있겠습니까?

제가 교회 지도자로서 아주 중요하게 생각하는 말씀이 있습니다. 바로 히브리서 13장 7-8절의 말씀입니다.

> 하나님의 말씀을 너희에게 일러 주고 너희를 인도하던 자들을 생각하며 그들의 행실의 결말을 주의하여 보고 그들의 믿음을 본받으라 예수 그리스도는 어제나 오늘이나 영원토록 동일하시니라 히 13:7-8

여기에서 말씀을 전하고 가르치는 자들의 행실의 종말을 주의하여 살펴보고 저희의 믿음을 본받으라고 권하고 있습니다. 무슨 말입니까? 말로써 가르치는 것보다 삶으로 가르치는 것이 더 중요하다는 뜻입니다. 결국 삶으로 가르치는 것만 남습니다. 여러분, 세월이 많이 지난 후에 여러분은 제 설교를 다 기억하시지 못할 겁니다. 그러나 제가 어떤 사람인지는 알게 될 것입니다. 어떤 사람인지 그것이 그 사람의 가르침의 엑기스인 것입니다.

탈무드에 이런 이야기가 나옵니다. 하루는 어미 게가 새끼 게에게 야단을 쳤습니다. "너는 어째서 똑바로 걷지 못하고 자꾸만 옆으로 걷느냐? 똑바로 걸어라." 그러나 새끼 게는 아무리 노력해도 똑바로 걸을 수가 없었습니다. 그러자 보다 못한 어미 게가 "에이그 한심한 것, 지금부터 내가 하는 것을 잘 보아라." 하면서 시범을 보였습니다. 어떻게 되었겠습니까?

우리가 사는 이 세상에는 우리가 진정으로 모범을 삼고 본받아 닮아갈 수 있는 사람이 없습니다. 우리가 자녀들에게 좋은 신앙의 유산을 물려주고자 하면 본이 되는 신앙생활을 해야 합니다. 우리의 다음 세대들이 본받을 만한 신앙생활을 해야 합니다.

요셉은 분명히 자녀들에게 본이 되는 일생을 살았습니다. 그뿐만 아니라 수많은 세대의 사람들에게 명품 인생, 걸작 신앙의 본을 보여주었습니다. 요셉은 심지어 죽어서 유골이 되어도 후손들에게 영향력을 미치고 있습니다. 오늘 본문 19절을 주목해 봅시다. 모세가 요셉의 유골을 들고 광야에서 하나님의 백성들을 이끌고 있습니다. 200만 명 가까운 하나님의 백성들을 가나안 땅으로 이끌고 있는 사람은 살아 있는 지도자 모세와 죽어서 유골이 된 요셉입니다. 요셉은 참으로 죽어서도 영향력을 남기는 삶을 살았던 인물이었습니다.

전도서 7장 8절에는 이런 말씀이 나옵니다. "일의 끝이 시작보다 낫고" 시작은 누구나 부푼 기대와 꿈을 가지고 최선을 다합니다. 그러나 문제는 시간이 흐를수록 점점 처음의 결심, 처음의 꿈을 지키지 못한다는 것입니다. 달리기 선수들을 보면 출발 당시에는 거의 다 비슷합니다. 결국 승부를 가리는 지점은 결승점입니다. 끝에 가 봐야 압니다. 우리가 늘 기도해야 할 제목은 바로 끝이 아름다운 인생입니다.

요셉은 처음보다도 끝이 아름다운 인생을 살았습니다. 요셉은 백십 세의 나이에 죽으면서 자손들에게 맹세를 시키게 합니다. 그 내용이 창세기 50장 25절에 나타납니다.

> 요셉이 또 이스라엘 자손에게 맹세시켜 이르기를 하나님이 반드시 당신들을 돌보시리니 당신들은 여기서 내 해골을 메고 올라가겠다 하라 하였더라 창 50:25

요셉은 죽는 순간까지 하나님이 조상들을 통하여 주신 약속, 바로 가나안 땅을 향한 하나님의 꿈을 포기하지 않았습니다. 계속하여 가나안 땅을 향한 꿈과 비전이 그 속에 불타오르고 있었습니다. 하나님이 반드시 당신들을 돌보실 것이고 마침내 가나안 땅에 들어가게 할 것이니 그때가 되면 내 해골을 메고 가나안 땅으로 올라가라고 맹세를 시키고 있는 것입니다. 요셉은 하나님의 약속을 믿었고 하나님이 조상들에게 주신 가나안 땅을 향한 그 꿈을 분명하게 붙들었습니다. 그리고 그 꿈과 약속대로 지금 수백 년이 지나서 모세가 조상 요셉의 유골을 들고 민족을 이끌고 하나님의 꿈을 향하여, 가나안 땅을 향하여 나아가고 있는 것입니다. 요셉은 죽어서도 빛이 나는 사람입니다. 유골이 되어서도 후손들에게 아름다운 영향력을 남기고 있는 사람입니다.

죽음 이후에도 우리에게 이처럼 아름다운 모습으로 영향을 남기는 사람들이 있습니다. 사도 바울이 그러한 사람 중의 하나이지요. 그는 일생 하나님의 꿈과 소명을 위하여 헌신한 다음 이 땅에서 삶을 마감하기 전에 이렇게 고백합니다.

> 나는 선한 싸움을 싸우고 나의 달려갈 길을 마치고 믿음을 지켰으니 이제 후로는 나를 위하여 의의 면류관이 예비되었으므로 주 곧 의로우신 재판장이 그 날에 내게 주실 것이며 내게만 아니라 주의 나타나심을 사모하는 모든 자에게도니라 딤후 4:7-8

바울은 달려갈 길을 마치고 끝까지 믿음을 지켰다고 합니다. 그래서 이제 후로는 자신을 위하여 의의 면류관, 하늘의 상급이 예비되어 있다고 합니다. 누구든지 이와 같이 끝까지 믿음의 선한 싸움을 싸운 사람들에게는 하늘의 영광스러운 상이 기다리고 있습니다.

끝까지 믿음의 본을 보였던 요셉과 바울의 삶이 우리에게 모범이 되지 않습니까? 믿음의 선배의 발자취를 따라 오늘도 수많은 믿음의 후손들이 그 길을 걸어가고 있습니다.

미국 역사에는 아주 극심한 대조를 이루는 두 가문이 있습니다. 미국의 대각성 운동을 이끈 조나단 에드워즈 목사님의 집안은 20세기 후반까지 14명의 학장, 100여 명의 교수, 100여 명의 변호사, 30명의 판사, 60명의 의사, 100여 명의 목회자와 선교사, 그리고 60여 명의 저술가를 배출했습니다.

반면에 술주정뱅이 죄수 주크 집안은 뉴욕 주정부에 수백만 달러의 손실을 입힌 가문이었습니다. 그리고 이 주크 가에는 18세기 이래 후손 중에 300여 명의 극빈자, 60여 명의 도둑, 130여 명의 범법자가 생겨났다고 합니다.

우리 모두가 끝이 더 좋은 신앙생활을 하기를 바랍니다. 그리고 이 땅에서 우리의 생명이 다한 이후에도 계속하여 영향력을 발휘하는 그런 인생을 살 수 있기를 축원합니다. 우리의 자녀들 가운데 요셉처럼 죽어서도 이 민족을 이끌만한 그러한 위대한 믿음의 사람들이 생겨나기를 소망합니다.

아드 폰테스 : 샘 곁의 무성한 가지

2025년 8월 15일 초판 발행

지 은 이 | 박진석

펴 낸 이 | 김수홍
편　 　집 | 김설향, 황호근
디 자 인 | 정은서
펴 낸 곳 | 도서출판 하영인
등　 　록 | 제504-2023-000008호
주　 　소 | 경상북도 포항시 북구 대신로 33 6층 601호(대신동)
전　 　화 | 054) 270-1018
블 로 그 | https://blog.naver.com/navhayoungin
이 메 일 | hayoungin814@gmail.com
인스타그램 | https://www.instagram.com/hayoungin7

ISBN 979-11-92254-26-5
값 16,000원

※ 낙장·파본은 교환해 드립니다.

도서출판 하영인은 (주)투웰브마운틴즈 산하 출판 브랜드입니다.
저작권법에 의해 보호받는 저작물이므로 무단 전재 및 복제를 금합니다.